FECHA DE ELABORACIÓN:
El presente libro fue elaborado en
el periodo de:
Marzo 2023 a Febrero de 2024.

San Cristóbal de Las Casas,
Chiapas. México.

LOMO
MOMO

ESCUELA:

LUGAR PELIGRO

"Atrévete a explorar las entrañas del sistema educativo en 'Escuela: Lugar peligro', donde cada página es un llamado a cuestionar, reflexionar y despertar el poder transformador de una educación crítica."

"Embárcate en un viaje educativo sin precedentes, desde las intrigas del 'Proyecto Control de la Educación' hasta descubrir cómo la escuela impacta nuestra vida cotidiana y desafía nuestros límites personales. ¡Prepárate para una odisea de aprendizaje profundo!"

"Descubre el fascinante diálogo entre conocimiento y control mental, mientras exploramos cómo la educación puede ser tanto arquitecta como alfarera de mentes. Te invita a desafiar moldes, alinear metas personales y forjar un futuro educativo más crítico y transformador."

Índice

Prologo

Bienvenidos a un viaje apasionante a través de las intrincadas sendas del sistema educativo, donde cada página revela los misterios y desafíos que conforman la educación crítica. En este compendio, exploraremos las raíces profundas de la enseñanza y desvelaremos los hilos que tejen el tejido educativo de nuestras mentes y sociedades. Despertando Mentes inicia nuestro viaje, sumergiéndonos en la esencia misma de la Educación Crítica.

Desde definiciones fundamentales hasta la importancia trascendental del enfoque crítico, este segmento nos invita a cuestionar, reflexionar y comprender la magia que yace en despertar mentes críticas.

Escuela: Lugar peligro se convierte en nuestro guía en la siguiente etapa, revelando los entresijos del diseño y control del sistema educativo. Nos aventuraremos por los senderos del control y exploraremos cómo este fenómeno impacta la diversidad de pensamiento, desentrañando los nudos que atan la libre expresión del intelecto.

La Relación de la Escuela con la Vida Cotidiana nos lleva de la teoría educativa a su aplicación práctica. Con un enfoque en el impacto diario de la educación, descubriremos cómo la escuela se entrelaza con nuestras vidas y los desafíos de forjar una conexión profunda entre la teoría y la práctica educativa. Conocimiento de la Escuela y Control Mental nos sumerge en un análisis profundo del contenido educativo, explorando su poder de moldear mentes y controlar la percepción. Examinaremos críticamente el papel de la educación en la formación de creencias y perspectivas, desentrañando los vínculos que existen entre el conocimiento escolar y la mentalidad.

La Escuela como Obstáculo para Metas Personales nos enfrentará a la cruda realidad de cómo una educación mal enfocada puede convertirse en una barrera para el desarrollo personal. Con estrategias ingeniosas, exploraremos cómo alinear nuestros objetivos personales con la educación puede abrir puertas hacia un crecimiento significativo.

Maestros Amargados: Un Peligro Social arrojará luz sobre un aspecto a menudo subestimado pero profundamente impactante: la influencia de la insatisfacción docente en la sociedad. Investigaremos las consecuencias sociales de un personal educativo desmotivado y cómo esto reverbera en las vidas de los estudiantes. A lo largo de estas páginas, el lector será desafiado a reflexionar y debatir, impulsado por preguntas que cerrarán el capítulo y abrirán la mente. Este no es solo un libro; es una invitación a participar en la forja de un futuro educativo que trascienda las barreras, fomente la diversidad y cultive mentes críticas. Prepárense para un viaje que va más allá de las aulas y despierta la mente crítica que yace en cada uno de nosotros. Adelante, exploradores del conocimiento, su odisea educativa comienza aquí.

Agradecimientos

Agradezco a mi mamá por su respaldo incondicional, ha sido mi brazo fuerte en los caminos de la vida ¡Gracias madre! Por apoyarme siempre. A mi padre que ha trascendido a otro plano, pero su legado de amor por enseñar y sabiduría permanecen en mí, ¡Gracias papá!

A mi hijo, esta obra es producto del gran amor que tengo por ti y que espero pueda llegar a cambiar y transformar la vida de todas las personas que así lo deseen.

Gracias a mi hermano por ser un apoyo en mi existencia; a mis demás familiares y amigos que han confiado en mí y en impulsarme a lograr mis sueños, mi gratitud infinita. A mis alumnos que están en formación de ser docentes de primaria y preescolar, mi agradecimiento por compartir conmigo sus experiencias y enriquecer cada día mis ideas. Gracias infinitas a todos.

Introducción

Bienvenidos a un viaje fascinante y revelador a través de las páginas de "Escuela: Lugar peligro" Este compendio meticulosamente diseñado, se sumerge en las profundidades del sistema educativo, desentrañando sus misterios y desafíos mientras despierta la llama de la educación crítica.

En las siguientes páginas, nos aventuraremos más allá de las aulas tradicionales, explorando no solo el contenido académico, sino también el impacto trascendental que la educación tiene en nuestras vidas cotidianas, en la formación de nuestras creencias y en la configuración de nuestras mentes colectivas. Nuestro viaje comienza con una mirada profunda a la esencia misma de la educación crítica. Desde definiciones fundamentales hasta la importancia trascendental del enfoque crítico, nos embarcaremos en una travesía que desafiará nuestra perspectiva sobre la enseñanza y nos inspirará a cuestionar, reflexionar y comprender la magia que yace en despertar mentes críticas.

Siguiendo nuestro camino, nos sumergiremos en el proyecto de control educativo, explorando los entresijos del diseño y control del sistema educativo. Desentrañaremos los hilos que tejen el complejo tapiz educativo, revelando cómo el control influye en la diversidad de pensamiento y planteando preguntas fundamentales sobre la libertad intelectual.

Desde la teoría educativa hasta su aplicación práctica, nos sumergiremos en la relación profunda entre la escuela y nuestra vida cotidiana. Desafiaremos dogmas establecidos, explorando la conexión entre la teoría y las aplicaciones prácticas de la educación, buscando puentes significativos que enlacen el aprendizaje académico con la realidad de nuestras experiencias diarias.

El siguiente tramo del viaje nos llevará a desentrañar el conocimiento escolar y su impacto en la mentalidad. Analizaremos cómo la educación actúa como una fuerza que moldea creencias y perspectivas, al tiempo que examinamos críticamente el papel del control mental en este proceso.

La Escuela como Obstáculo para Metas Personales: Desafiando Moldes y Fomentando el Desarrollo Personal Desafiaremos los moldes preestablecidos mientras exploramos cómo una educación mal enfocada puede convertirse en un obstáculo para el desarrollo personal. Descubriremos estrategias para alinear objetivos personales con la educación, abriendo caminos hacia un crecimiento significativo.

Maestros Amargados: Un Peligro Social. Nuestra travesía nos llevará a examinar la influencia insospechada de maestros desmotivados en la sociedad. Investigaremos cómo la insatisfacción docente impacta las vidas de los estudiantes y reflexionaremos sobre las consecuencias sociales de un personal educativo desmotivado.

En el tramo final, nos dirigiremos hacia propuestas de reformas educativas, explorando caminos que nos conduzcan hacia una educación más crítica y equitativa. Concluiremos nuestra odisea, conscientes de que cada página leída es un paso más hacia una transformación educativa que trasciende las barreras y cultiva mentes críticas. Adelante, exploradores del conocimiento. Las páginas de "Despertando Mentes Críticas" los aguardan, listas para abrir sus mentes y desatar el poder transformador de la educación crítica.

Capítulo 1

Introducción a la Educación Crítica

La educación crítica es un enfoque pedagógico que busca desarrollar en los estudiantes habilidades de pensamiento crítico y conciencia social para que puedan cuestionar y analizar de manera reflexiva las estructuras de poder, las desigualdades sociales y las injusticias en la sociedad. Este enfoque promueve el desarrollo de una ciudadanía activa y comprometida con la transformación social.

Algunos aspectos clave de la educación crítica incluyen:

Reflexión crítica: Fomenta la capacidad de los estudiantes para cuestionar y reflexionar sobre las normas, valores y suposiciones subyacentes en la sociedad.

Análisis de poder: Los estudiantes aprenden a reconocer las relaciones de poder y las estructuras de dominación que operan en diferentes contextos sociales, políticos y culturales.

Conciencia social: Se enfoca en sensibilizar a los estudiantes sobre las injusticias sociales y las desigualdades para que puedan convertirse en agentes de cambio.

Participación activa: La educación crítica promueve la participación activa de los estudiantes en la vida cívica y comunitaria, alentándolos a involucrarse en la búsqueda de soluciones a los problemas sociales.

Empoderamiento: Busca empoderar a los estudiantes para que se conviertan en individuos autónomos y críticos capaces de contribuir positivamente a la construcción de una sociedad más justa y equitativa. La educación crítica es un enfoque pedagógico que va más allá de la transmisión de conocimientos y habilidades, centrándose en el desarrollo de la conciencia crítica y el compromiso activo de los estudiantes con la transformación social y la justicia.

La educación crítica de un individuo puede percibirse como peligrosa para los grupos de poder por varias razones: Desafía el status quo: La educación crítica fomenta la capacidad de los individuos para cuestionar las estructuras de poder y las normas sociales establecidas. Esto puede amenazar a los grupos de poder que se benefician de mantener el status quo y que pueden perder su influencia si la gente comienza a cuestionar su autoridad. Promueve la conciencia social: La educación crítica busca sensibilizar a los individuos sobre las injusticias y desigualdades en la sociedad. Esto puede llevar a un aumento en la conciencia y la movilización social, lo que a su vez podría socavar el control de los grupos de poder sobre la población.

Impulsa la participación activa: Los individuos educados críticamente tienden a participar más activamente en la vida cívica y política, lo que puede desafiar el monopolio del poder por parte de ciertos grupos. La participación activa puede traducirse en movimientos sociales, protestas y demandas de cambios políticos y sociales.

Fomenta el pensamiento autónomo: La educación crítica busca empoderar a los individuos para que piensen de manera independiente y crítica. Esto puede conducir a una mayor resistencia a la manipulación y al control por parte de los grupos de poder, quienes a menudo se benefician de mantener a las personas desinformadas o pasivas. La educación crítica representa una amenaza para los grupos de poder porque desafía su autoridad, promueve la conciencia social, impulsa la participación activa y fomenta el pensamiento autónomo en los individuos, lo que puede socavar su influencia y control sobre la sociedad.

Despertando Mentes: La Odisea de la Educación Crítica

En el vasto panorama de la educación, se erige una fuerza mágica y transformadora: la Educación Crítica. Este capítulo no es simplemente una puerta de entrada; es un portal hacia un reino donde los límites del pensamiento convencional se desvanecen. La Educación Crítica, cual faro en la oscuridad del conocimiento, nos invita a un vuelo inolvidable hacia la comprensión profunda y la reflexión activa.

En este primer trayecto, nos sumergimos en las aguas profundas de la Educación Crítica. No se trata solo de navegar las corrientes del conocimiento; es una exploración intrépida que nos lleva más allá de la mera adquisición de hechos y cifras. Aquí, las mentes no solo se nutren, sino que se despiertan, cuestionan y dan forma a su propia comprensión del mundo.

En el tejido de la sociedad contemporánea, la Educación Crítica se revela como un elemento indispensable. Este capítulo desentraña cómo este enfoque no es una entidad aislada en las aulas; es la chispa que enciende el pensamiento crítico en la travesía diaria de los estudiantes, desafiándolos a tomar decisiones informadas en un mundo saturado de desafíos y oportunidades.

A medida que avanzamos, cruzamos fronteras culturales y perspectivas diversas, revelando la riqueza inherente a la condición humana. La Educación Crítica se convierte en el vehículo que transporta a los estudiantes a través de diferentes realidades, fomentando una apertura cultural que va más allá de la simple acumulación de conocimientos.

En el epicentro de este viaje, descubrimos que la Educación Crítica no es solo un método; es un catalizador que empodera intelectualmente a los estudiantes. Este capítulo destaca cómo este enfoque va más allá de la instrucción común para abrir las puertas a un mundo de aprendizaje dinámico, reflexión profunda y contribuciones significativas.

El pensamiento crítico se convierte en el arma maestra del entendimiento, una herramienta que permite a los estudiantes cuestionar, analizar y sintetizar información de manera reflexiva. Es más que una habilidad académica; es una brújula que guía a los aventureros del pensamiento a través de las complejidades de la vida cotidiana y la sociedad democrática.

Cada página de este capítulo desvela la importancia vital del enfoque crítico. Se desentrañan las conexiones entre la educación y la vida, destacando cómo prepara a los estudiantes para enfrentar decisiones trascendentales y desafíos diarios con confianza y agudeza mental. Aquí, el pensamiento crítico actúa como la brújula que guía a los estudiantes en la travesía por el laberinto de la existencia.

El faro que ilumina la vida va más allá de las aulas. Este capítulo reconoce que la educación crítica no solo forma mentes académicamente competentes, sino individuos preparados para enfrentar el mundo con una perspectiva informada y una agilidad mental incomparable. Es el despertar de mentes críticas, una odisea que transforma cada rincón de la experiencia humana en un tapiz de mentes empoderadas y conscientes.

Esta odisea educativa promete una aventura inolvidable. Cada palabra es un paso hacia la comprensión más profunda, hacia la ampliación de horizontes y la transformación de las mentes. ¿Estás listo para embarcarte en este viaje fascinante, donde cada párrafo es un portal a un mundo de descubrimientos?

Importancia del enfoque crítico en la educación

Educación Crítica: En su esencia, la educación crítica es un enfoque pedagógico que va más allá de la acumulación de hechos y cifras, buscando desarrollar habilidades de pensamiento analítico y una comprensión profunda de los contextos sociales, políticos y culturales. No se trata simplemente de absorber información, sino de cuestionar activamente, evaluar perspectivas diversas y formar opiniones fundamentadas.

En este marco, la educación crítica va más allá de la tradicional adquisición de conocimientos para convertirse en un proceso dinámico donde los estudiantes se convierten en participantes activos en la construcción de su propia comprensión del mundo. Se nutre de la capacidad de los estudiantes para cuestionar suposiciones, considerar múltiples puntos de vista y aplicar un pensamiento reflexivo en su vida cotidiana.

Contexto de la Educación Crítica: En el tejido de la sociedad contemporánea, donde la información fluye abundantemente y las narrativas a menudo compiten por la atención, la educación crítica emerge como un salvavidas cognitivo. En un mundo saturado de noticias, opiniones y desafíos complejos, la capacidad de analizar información de manera crítica se convierte en un activo invaluable.

Además, la educación crítica responde al llamado de una ciudadanía activa y participativa. En sociedades democráticas, donde la toma de decisiones se basa en la participación informada, cultivar el pensamiento crítico se vuelve esencial. La educación crítica no solo equipa a los estudiantes con herramientas intelectuales, sino que también les proporciona la confianza para participar en diálogos significativos y contribuir al cambio social positivo.

En un mundo interconectado, donde las fronteras entre culturas y perspectivas se desdibujan, la educación crítica también fomenta la apertura cultural y el respeto hacia la diversidad. Invita a los estudiantes a explorar diferentes realidades, a comprender contextos históricos y a apreciar la complejidad inherente a la condición humana.

La educación crítica, en su esencia, no solo es un método educativo, sino un catalizador para el empoderamiento intelectual y la participación ciudadana activa. Esta introducción busca encender la chispa del interés en un enfoque que trasciende la mera instrucción para abrir las puertas a un mundo de aprendizaje dinámico, reflexión profunda y contribuciones significativas. En el viaje educativo hacia la comprensión crítica, cada mente se convierte en un explorador, descubriendo las riquezas del conocimiento y forjando el camino hacia un pensamiento más profundo y transformador.

Despertando Mentes Críticas: La Importancia del Enfoque Crítico en la Educación y la Vida de los Estudiantes

En la Odisea del Pensamiento Transformador la educación se despliega como un relato cautivador, una travesía que va más allá de la mera acumulación de conocimientos. En este periplo, el enfoque crítico surge como un faro radiante, conduciendo a los estudiantes hacia aguas más profundas y enriquecedoras. Este capítulo resalta la trascendental importancia del pensamiento crítico en la educación y la vida, revelando cómo esta habilidad no solo moldea el aprendizaje académico, sino que también infunde las herramientas necesarias para enfrentar los desafíos de la existencia cotidiana.

La Herramienta Maestra de la Comprensión nos hace descubrir las profundidades y en el epicentro de la relevancia del enfoque crítico, descubrimos su capacidad para ser la herramienta maestra de la comprensión. Este no es un proceso de memorización monótona; más bien, es una invitación a cuestionar, analizar y sintetizar información de manera reflexiva. Aquí, el pensamiento crítico no se detiene en la superficie; se sumerge en las profundidades del conocimiento, permitiendo a los estudiantes vislumbrar conexiones, identificar patrones y entender el contexto que da forma a la información.

En el Aula: El Catalizador de Transformación es, el pensamiento crítico emerge como el catalizador que transforma la información en conocimiento significativo. Facilita la capacidad de los estudiantes para cuestionar la validez de la información, evaluar argumentos y construir sus propias conclusiones fundamentadas. Al adoptar este enfoque, los estudiantes no solo absorben datos; se convierten en arquitectos activos de su comprensión del mundo que les rodea, forjando un camino propio en el vasto terreno del conocimiento.

Preparación para la Ciudadanía Activa: La Magnificación del Pensamiento Crítico; la importancia del pensamiento crítico se amplifica en el contexto de la ciudadanía activa. En sociedades democráticas, donde la participación informada es esencial, cultivar el pensamiento crítico se convierte en una prioridad crucial. Los estudiantes que dominan esta habilidad se transforman en ciudadanos conscientes, capaces de analizar propuestas políticas, evaluar información mediática y contribuir de manera significativa al diálogo público.

Fomentando la Empatía y la Comprender Intercultural: Más Allá de las Fronteras, el enfoque crítico se convierte en un vehículo para fomentar la empatía y la comprensión intercultural.

En un mundo interconectado, donde la diversidad es la norma, esta habilidad permite a los estudiantes apreciar y respetar las diferencias culturales. Se convierten en agentes del cambio positivo, abordando problemas sociales complejos con una perspectiva informada y la capacidad de considerar soluciones innovadoras.

Afrontando Desafíos y Tomando Decisiones Informadas: La Brújula del Pensamiento Crítico en la vida, con su intrincada red de desafíos y decisiones, se beneficia profundamente del enfoque crítico. Los estudiantes que han cultivado esta habilidad están mejor equipados para enfrentar decisiones personales y profesionales con confianza.

Evalúan opciones, anticipan consecuencias y toman decisiones informadas que reflejan una comprensión profunda de su entorno.

El Tejido de la Vida Cotidiana: El Pensamiento Crítico como Brújula; en la textura de la vida cotidiana, el pensamiento crítico actúa como una brújula que guía a los estudiantes a través de las complejidades del mundo laboral, las relaciones interpersonales y los desafíos personales.

La habilidad para analizar situaciones, considerar múltiples perspectivas y tomar decisiones fundamentadas se convierte en un activo invaluable en la travesía de la existencia.

En la Intersección de la Educación y la Vida: El Faro de la Transformación. En la encrucijada entre la educación y la vida, el enfoque crítico destaca como un faro que ilumina el camino hacia el aprendizaje significativo y el crecimiento personal. Al nutrir esta habilidad, no solo estamos formando estudiantes académicamente competentes, sino individuos preparados para enfrentar el mundo con una mente ágil y una perspectiva informada.

La importancia del enfoque crítico trasciende las aulas, extendiendo sus beneficios a cada rincón de la experiencia humana, tejiendo un tapiz de mentes empoderadas y conscientes en la travesía de la vida.

Una Inmersión Profunda: Más Allá de la Superficie Este viaje por el pensamiento crítico promete una experiencia apasionante.

Cada palabra es un paso hacia la comprensión más

profunda, hacia la ampliación de horizontes y la transformación de las mentes. Sumérgete en esta odisea donde cada párrafo es un portal a un mundo de descubrimientos y autotrascendencia.

Capítulos 2
Proyecto Control de la Educación

Imagina un proyecto control en educación como un viaje épico hacia el corazón mismo del conocimiento, donde los estudiantes se convierten en los intrépidos capitanes de su propio barco, navegando a través de mares desconocidos de información y descubrimiento. ¡Es una aventura llena de emocionantes desafíos y oportunidades para el crecimiento personal y académico!

En este viaje, los estudiantes no son simples receptores de conocimiento, ¡son los arquitectos de su propio destino educativo! Con cada paso, enfrentan obstáculos y desafíos que les permiten desarrollar habilidades de pensamiento crítico y resolución de problemas. Desde la planificación inicial hasta la ejecución y la evaluación final, cada etapa del proyecto control está impregnada de emoción y posibilidades ilimitadas.

Imagina a los estudiantes sumergidos en la investigación, explorando apasionadamente diferentes fuentes de información, desde libros antiguos hasta las últimas tecnologías digitales. Cada descubrimiento es como encontrar un tesoro escondido, y cada pregunta sin respuesta es un desafío emocionante que los impulsa a seguir adelante.

Pero la verdadera magia del proyecto control radica en su capacidad para desatar la creatividad y la innovación. Los estudiantes no solo adquieren conocimientos, sino que también aprenden a aplicarlos de manera creativa en la resolución de problemas del mundo real. Desde diseñar prototipos hasta crear presentaciones multimedia impresionantes, cada proyecto es una oportunidad para dar rienda suelta a la imaginación y demostrar su verdadero potencial. Y al final del viaje, cuando los estudiantes presentan sus proyectos ante sus compañeros, profesores y la comunidad en general, el sentido de logro y satisfacción es abrumador. Han superado desafíos, han explorado nuevos horizontes y han demostrado que son capaces de conquistar cualquier cosa que se propongan.

¡Un proyecto control en educación es mucho más que una simple tarea escolar, es una experiencia transformadora que enciende la pasión por el aprendizaje y prepara a los estudiantes para enfrentar el mundo con confianza y determinación!

Exploración de cómo se diseña y controla el sistema educativo.

En la maraña de la educación, un proyecto sutil pero poderoso teje las fibras invisibles que definen el sistema educativo. Este ensayo se aventura en la exploración del intrigante "Proyecto Control de la Educación", desentrañando cómo se diseña y controla el tejido que moldea las mentes de las generaciones venideras. Al sumergirnos en esta indagación, descubrimos las estrategias, motivaciones y consecuencias que yacen detrás de este proyecto que influye silenciosamente en la formación de las mentes jóvenes.

Diseño Delicado del Currículo:

En el núcleo del Proyecto Control de la Educación reside el delicado diseño del currículo. Aquí, cada palabra elegida, cada tema seleccionado, se convierte en un componente crucial que forma la perspectiva de los estudiantes. El currículo, a menudo elaborado por comités y entidades gubernamentales, refleja las prioridades y valores de aquellos que tienen el poder de decidir qué conocimientos se considaran fundamentales.

Este diseño cuidadoso no solo busca transmitir hechos y teorías, sino también inculcar ciertos valores y perspectivas. Las decisiones sobre qué eventos históricos incluir, qué obras literarias estudiar y qué teorías científicas priorizar, son todas partes de una coreografía más amplia destinada a influir en la comprensión y la interpretación del mundo por parte de los estudiantes.

Control a Través de Materiales Educativos:

El Proyecto Control de la Educación extiende sus tentáculos a través de materiales educativos cuidadosamente seleccionados. Libros de texto, recursos digitales y materiales de lectura se convierten en herramientas de influencia. Aquí, el control se manifiesta en la elección de narrativas, la presentación de hechos y la selección de perspectivas. Estos materiales no son simples transmisores de información, sino moldeadores de mentalidades, seleccionando qué versiones de la verdad se presentan y cuáles se omiten.

La elección estratégica de estos materiales no solo refleja decisiones pedagógicas, sino también decisiones ideológicas y políticas. La lente a través de la cual se presenta la información puede ser tan poderosa como la información misma, dando forma a la percepción y la comprensión de los estudiantes sobre la sociedad, la historia y la realidad que les rodea.

Influencia de las Autoridades Educativas:

El Proyecto Control de la Educación también encuentra su expresión en la influencia directa de las autoridades educativas. Desde políticas gubernamentales hasta directrices de administraciones escolares, estas entidades establecen los parámetros que enmarcan el entorno educativo. Estas decisiones, a menudo enmascaradas como esfuerzos para mejorar la calidad educativa, también actúan como medios de control.

Las autoridades educativas pueden establecer estándares de evaluación que influyen en cómo se enseña y se aprende.

Además, su capacidad para asignar recursos, decidir sobre la formación docente y establecer directrices pedagógicas ejerce un control significativo sobre la dirección y el enfoque del sistema educativo. Las decisiones que toman resonarán en las aulas, dejando una marca indeleble en la experiencia educativa de los estudiantes.

Consecuencias en el Pensamiento y la Perspectiva:

El Proyecto Control de la Educación no es solo un ejercicio de poder, sino un catalizador de consecuencias profundas en el pensamiento y la perspectiva de los estudiantes. A medida que se moldea el currículo, se seleccionan materiales educativos y se ejerce influencia desde las autoridades educativas, se crea un ecosistema educativo que puede propiciar la conformidad de pensamiento y limitar la capacidad crítica.

Las mentes jóvenes, en su búsqueda de conocimiento, absorben las narrativas y perspectivas presentadas, a menudo sin cuestionar la naturaleza selectiva de la información que reciben. La uniformidad de pensamiento, inadvertidamente cultivada por este proyecto, puede influir en cómo los estudiantes perciben cuestiones sociales, políticas y culturales, formando una lente a través de la cual interpretan su entorno. El Proyecto Control de la Educación revela la complejidad y la sutileza con la que se diseñan y controlan los sistemas educativos. Este tejido invisible, aunque a menudo destinado a mejorar la coherencia y la eficacia educativa, también lleva consigo el peso de las decisiones ideológicas y políticas. En esta exploración, descubrimos que el diseño del currículo, la selección de materiales educativos y la influencia de las autoridades educativas no son meras formalidades, sino poderosas fuerzas que esculpen la mentalidad de las generaciones futuras.

Este ensayo invita a reflexionar sobre cómo el Proyecto Control de la Educación puede afectar el pensamiento y la perspectiva de los estudiantes, al tiempo que plantea preguntas fundamentales sobre la naturaleza y el propósito de la educación en nuestra sociedad. En este tapiz complejo, los hilos del control educativo se entretejen con los sueños y las aspiraciones de los jóvenes, desafiándonos a considerar cómo podemos equilibrar la necesidad de coherencia educativa con la importancia de cultivar mentes críticas y reflexivas.

Desentrañando el Proyecto Control de la Educación: Los Hilos que Tejen el Sistema Educativo

Influencia de las Autoridades Educativas y el Contexto Político: Las autoridades educativas, en su papel de diseño y control del sistema educativo, también ejercen una influencia significativa en la diversidad de pensamiento. Las políticas gubernamentales y las decisiones administrativas pueden establecer el tono para lo que se considera aceptable o preferible en el ámbito educativo. Este control puede manifestarse en la promoción de ciertas ideologías, la censura de contenido o la imposición de restricciones sobre la libertad académica.

En contextos donde las autoridades educativas buscan homogeneizar el pensamiento para servir a objetivos políticos o ideológicos, la diversidad de pensamiento se ve amenazada. Las decisiones que limitan la libertad académica y restringen la exposición a perspectivas diversas pueden tener un impacto duradero en la capacidad de los estudiantes para desarrollar un pensamiento independiente y crítico.

Consecuencias en la Creatividad y el Desarrollo Social: Los efectos del control en la diversidad de pensamiento no solo se limitan al aula; se extienden a la sociedad y la creatividad. Cuando el control influye en la educación para conformar el pensamiento, se corre el riesgo de criar generaciones que carecen de la habilidad para pensar de manera independiente y contribuir con ideas frescas y disruptivas.

La creatividad florece en la diversidad de pensamiento, en la colisión de ideas y perspectivas diversas. Cuando el control limita esta diversidad, se corre el riesgo de sofocar la innovación y la capacidad de abordar los desafíos complejos con soluciones creativas. Además, en una sociedad diversa, la falta de exposición a perspectivas variadas puede dar lugar a divisiones y tensiones, ya que las personas carecen de la habilidad para entender y apreciar las experiencias y opiniones de los demás.

En la danza sutil del control educativo, los efectos en la diversidad de pensamiento son palpables y profundos. El diseño curricular, la selección de materiales educativos y la influencia de las autoridades educativas tejen un tapiz que puede promover la uniformidad o nutrir la diversidad de perspectivas. Este ensayo invita a reflexionar sobre la importancia de equilibrar la necesidad de coherencia educativa con el valor intrínseco de exponer a los estudiantes a una variedad de ideas y opiniones. En la intersección entre el control y la diversidad de pensamiento, se plantea la pregunta esencial: ¿cómo podemos cultivar mentes críticas y diversas en el jardín de la educación, donde el control y la libertad coexisten en un delicado equilibrio?

Efectos del control en la diversidad de pensamiento.

Entrelazados por el Control: Efectos en la Diversidad de Pensamiento. En la sinfonía educativa, el control actúa como un director invisible, guiando la narrativa y tono del pensamiento en nuestras aulas. Este ensayo se aventura en la exploración de los sutiles, pero profundos, efectos del control en la diversidad de pensamiento. Mientras examinamos cómo las decisiones pedagógicas, la selección de materiales educativos y la influencia de las autoridades educativas pueden actuar como hilos que tejen la tela del pensamiento, descubrimos cómo este control puede ser un catalizador tanto para la uniformidad como para la limitación de la diversidad de perspectivas.

Diseño Curricular y la Homogeneización del Pensamiento: En el corazón de los efectos del control en la diversidad de pensamiento yace el diseño curricular. Este elemento esencial no solo establece el conjunto de conocimientos que se transmiten, sino que también influye en cómo se presentan y contextualizan. Un currículo diseñado con un enfoque restrictivo puede favorecer la homogeneización del pensamiento, limitando la exposición de los estudiantes a perspectivas diversas y desalentando la exploración de ideas no conformes.

Cuando el control se manifiesta en decisiones que homogenizan el contenido curricular, se corre el riesgo de suprimir la diversidad de pensamiento. Los estudiantes pueden encontrar un conjunto limitado de perspectivas, excluyendo voces y experiencias que podrían enriquecer su comprensión del mundo. Esta homogeneización, aunque inadvertida, tiene el potencial de limitar el espectro de ideas y opiniones que los estudiantes están expuestos a considerar.

Materiales Educativos y la Selección de Perspectivas:

El control ejercido a través de la selección de materiales educativos es otra dimensión que puede afectar la diversidad de pensamiento. Libros de texto, recursos multimedia y lecturas asignadas actúan como ventanas a diferentes mundos, pero estas ventanas son seleccionadas por aquellos que tienen el poder de decidir qué visiones merecen ser compartidas.

Cuando los materiales educativos son seleccionados bajo un enfoque estrecho, se corre el riesgo de presentar una versión sesgada de la realidad. Las perspectivas minoritarias o desafiantes pueden quedar en la sombra, privando a los estudiantes de la oportunidad de explorar una variedad de ideas y opiniones. La selección cuidadosa de estos materiales puede influir de manera significativa en la diversidad de pensamiento al determinar qué voces son amplificadas y cuáles quedan silenciadas.

Explora la idea de cómo el diseño del sistema educativo puede influir en la uniformidad del pensamiento.

El Diseño del Sistema Educativo y su Impacto en la Uniformidad del Pensamiento

La educación, considerada la piedra angular del desarrollo individual y social, desempeña un papel crucial en la formación de la mentalidad de las generaciones futuras. El diseño del sistema educativo, desde el currículo hasta los métodos de enseñanza, influye de manera significativa en la uniformidad del pensamiento. Este ensayo explora cómo la estructura educativa puede actuar como un agente moldeador, dando forma a la manera en que los individuos perciben el mundo y se relacionan con la información.

Una Plantilla Curricular Estándar:

Uno de los factores determinantes en la uniformidad del pensamiento radica en la existencia de una plantilla curricular estándar. La adopción generalizada de un conjunto específico de materias y temas limita la diversidad de perspectivas y áreas de interés. Cuando las instituciones educativas siguen un plan de estudios homogéneo, los estudiantes se ven expuestos a la misma información, reduciendo la posibilidad de explorar diferentes enfoques y disciplinas.

El Rol de los Manuales y Libros de Texto:

Los manuales y libros de texto, utilizados como herramientas educativas fundamentales, también contribuyen a la uniformidad del pensamiento. La selección de contenidos en estos recursos refleja las prioridades y valores de quienes diseñan el currículo. El sesgo presente en la elección de ejemplos, teorías y eventos históricos puede influir en la interpretación y comprensión de los estudiantes, dirigiéndolos hacia una perspectiva particular y limitando su capacidad de análisis crítico.

El Poder de las Autoridades Educativas:

Las autoridades educativas tienen un papel determinante en la configuración del pensamiento a través de políticas y directrices. La imposición de un conjunto rígido de normas y reglamentos puede crear un ambiente en el cual la conformidad es recompensada, mientras que la divergencia es penalizada. Este sistema de recompensa y castigo puede resultar en una mentalidad uniforme, donde los estudiantes aprenden a seguir las normas establecidas en lugar de cuestionar y explorar activamente nuevas ideas.

Impacto en la Diversidad de Pensamiento:

La uniformidad del pensamiento, resultado de un diseño educativo restrictivo, impacta directamente la diversidad de pensamiento en la sociedad. La falta de exposición a diversas perspectivas y enfoques limita la capacidad de los individuos para apreciar y comprender la complejidad del mundo que les rodea. Esto, a su vez, puede tener consecuencias negativas en la resolución de problemas, la innovación y la creatividad en diversos campos.

Promoviendo la Educación Crítica:

Para contrarrestar la uniformidad del pensamiento en el diseño del sistema educativo, es crucial fomentar la educación crítica. Esto implica la revisión constante de los planes de estudio, la inclusión de perspectivas diversas y la promoción de un entorno educativo que aliente el cuestionamiento y la investigación independiente. Además, empoderar a los educadores para que fomenten el pensamiento crítico y proporcionen oportunidades para la expresión libre de ideas contribuirá a la formación de individuos más reflexivos y conscientes.

En conclusión, el diseño del sistema educativo desempeña un papel determinante en la uniformidad del pensamiento. La estructura curricular, el contenido de los materiales educativos y las políticas institucionales son elementos cruciales que configuran la manera en que los individuos perciben y procesan la información. Para cultivar sociedades vibrantes y pensadores críticos, es esencial revisar y reformar continuamente el diseño educativo, asegurando que promueva la diversidad de pensamiento y fomente la educación crítica. Presenta la noción de proyectos internacionales que podrían contribuir a una población acrítica.

Proyectos Internacionales y su Potencial Contribución a una Población Acrítica. La globalización ha traído consigo no solo interconexión económica y cultural, sino también la difusión de ideologías y enfoques educativos. En este contexto, surge la preocupante noción de proyectos internacionales que podrían contribuir a la formación de una población acrítica. Este ensayo examina la posibilidad de que iniciativas globales impacten negativamente en la capacidad de pensamiento crítico de las personas, debilitando su capacidad para cuestionar y analizar de manera independiente.

La Uniformidad Educativa a Nivel Global:

Uno de los riesgos asociados con proyectos internacionales

en educación es la tendencia hacia la uniformidad curricular a nivel global. Cuando los estándares educativos son impulsados por organizaciones internacionales, existe la posibilidad de que se favorezcan ciertos enfoques educativos homogéneos, limitando la diversidad de métodos pedagógicos y contenidos. Esto puede resultar en una población acrítica, formada por individuos expuestos a una única perspectiva educativa dominante.

Impacto de la Tecnología y Plataformas Educativas Globales:

Los avances tecnológicos han llevado a la proliferación de plataformas educativas globales que ofrecen contenido estandarizado. Aunque estas iniciativas pueden facilitar el acceso a la educación, también plantean el riesgo de una exposición uniforme a información y enfoques específicos. Dependiendo de los intereses y objetivos de las entidades detrás de estos proyectos, la población puede ser influenciada de manera sutil hacia una mentalidad acrítica, aceptando información sin un análisis crítico.

Ideologías Impuestas y Pérdida de Identidad Cultural:

Algunos proyectos internacionales pueden llevar consigo ideologías particulares que, al ser impuestas en contextos diversos, podrían contribuir a la formación de una población acrítica. La pérdida de identidad cultural y la imposición de valores extranjeros pueden debilitar la capacidad de los individuos para cuestionar y reflexionar sobre sus propias creencias, limitando así su pensamiento crítico y capacidad de discernimiento.

Recompensas y Sanciones en la Educación Global: La estructura de recompensas y sanciones en proyectos educativos internacionales también puede desempeñar un papel en la formación de una población acrítica. Si el sistema de evaluación y reconocimiento favorece la conformidad sobre la creatividad y el pensamiento crítico, los estudiantes pueden adaptarse a un enfoque que busca cumplir con expectativas predefinidas en lugar de fomentar la exploración intelectual.

Contrarrestando la Tendencia hacia la Acrítica:

A pesar de los riesgos, es posible contrarrestar la tendencia hacia una población acrítica en proyectos educativos internacionales. Esto implica un enfoque consciente en la diversidad de perspectivas, la promoción de la autonomía intelectual y la inclusión de métodos pedagógicos que fomenten el pensamiento crítico. La colaboración internacional puede ser valiosa siempre y cuando se respeten y promuevan los principios fundamentales de la educación crítica.

La noción de proyectos internacionales que podrían contribuir a una población acrítica plantea desafíos significativos. La uniformidad educativa, la imposición de ideologías y la falta de diversidad de perspectivas son riesgos inherentes. Sin embargo, al ser consciente de estos peligros y abogar por enfoques educativos que promuevan el pensamiento crítico y la diversidad, es posible mitigar los efectos negativos y construir un panorama educativo global que empodere a las generaciones futuras en lugar de limitar su capacidad de discernimiento.

Entrelazados por el Control: Efectos en la Diversidad de Pensamiento

La Educación que Uniforma la Mentalidad: Diseño del Currículo: Analiza cómo los currículos educativos pueden estar diseñados para promover ciertos valores y perspectivas.

La Educación que Uniforma la Mentalidad: El Rol del Diseño del Currículo:

La educación, como moldeadora de la mente humana, desempeña un papel crítico en la formación de perspectivas y valores. Uno de los elementos más influyentes en este proceso es el diseño del currículo, que dicta no solo qué se enseña, sino también cómo se presenta la información. Este ensayo se adentrará en el diseño del currículo como una herramienta que puede contribuir a la uniformidad de la mentalidad al promover ciertos valores y perspectivas específicas.

Curricular como Reflejo de Valores Sociales:

El diseño del currículo no es simplemente una colección de materias; es una declaración de los valores y prioridades de una sociedad. En muchos casos, los currículos educativos son moldeados por las normas y creencias predominantes de una cultura particular. Este fenómeno puede llevar a la uniformidad de la mentalidad al promover ciertos valores sobre otros, creando así una visión homogénea del mundo entre los estudiantes.

Selección de Contenidos y Perspectivas:

La selección de contenidos es un componente clave del diseño del currículo que contribuye directamente a la uniformidad de la mentalidad. Cuando ciertos eventos históricos, teorías o perspectivas son destacados repetidamente en detrimento de otros, se envía un mensaje claro sobre qué información se valora más. Esto puede limitar la diversidad de pensamiento y reforzar una única narrativa, excluyendo perspectivas que podrían desafiar la norma establecida.

Enfoque en Habilidades Específicas:

Además de la información específica que se incluye en el currículo, el énfasis en ciertas habilidades también puede contribuir a la uniformidad de la mentalidad. Si el diseño del currículo se centra exclusivamente en la memorización de datos en lugar de fomentar el pensamiento crítico y la resolución de problemas, los estudiantes pueden internalizar un enfoque pasivo hacia el aprendizaje, limitando así su capacidad para cuestionar y analizar de manera independiente.

El Papel del Contexto Cultural y Social:

El diseño del currículo también está fuertemente influenciado por el contexto cultural y social en el que se encuentra. En sociedades donde se prioriza la conformidad, el currículo puede reflejar esta mentalidad al evitar contenidos que podrían desafiar la norma o fomentar el cuestionamiento. Esto crea un ciclo en el que la educación refuerza y perpetúa las actitudes existentes, contribuyendo a una uniformidad de la mentalidad.

Promoviendo la Diversidad en el Diseño del Currículo:

Contrarrestar la uniformidad de la mentalidad a través del diseño del currículo implica una revisión consciente y crítica de los contenidos y métodos educativos. La inclusión de perspectivas diversas, eventos históricos menos conocidos y enfoques pedagógicos que fomenten la participación activa y el pensamiento crítico puede ser fundamental. Los currículos deben ser dinámicos, capaces de adaptarse a medida que evolucionan las perspectivas y conocimientos.

El diseño del currículo es un factor determinante en la creación de una educación que uniforma la mentalidad. Al analizar cómo se seleccionan, presentan y evalúan los contenidos, podemos comprender mejor cómo se moldea la perspectiva de los estudiantes. La clave para contrarrestar la uniformidad de la mentalidad radica en la promoción de la diversidad y el pensamiento crítico en el diseño del currículo, asegurando así que la educación sirva como una herramienta para cultivar mentes independientes y reflexivas. Ejemplos de casos en los que la educación moldea la mentalidad de manera específica.

La Influencia de la Educación en la Mentalidad de los Maestros Normalistas y en la Educación Básica en México: Ejemplos Concretos:

La educación desempeña un papel fundamental en la formación de la mentalidad, y este fenómeno es particularmente evidente en los maestros normalistas y la educación básica en México. A través de ejemplos específicos, este ensayo explora cómo la formación académica y las experiencias pedagógicas pueden moldear las perspectivas y actitudes de los educadores, influyendo así en la educación que ofrecen y, en última instancia, en la mentalidad de las generaciones venideras.

Formación de Maestros Normalistas:

Los maestros normalistas, al ser la columna vertebral del sistema educativo, son moldeados por su formación académica y experiencias en las instituciones de educación superior dedicadas a la formación docente. En México, la formación de maestros normalistas ha estado históricamente ligada a ciertas corrientes pedagógicas y políticas. Un ejemplo específico es la influencia del pensamiento educativo positivista en la formación de maestros normalistas en el siglo XX, que promovía la idea de la educación como un medio para inculcar valores cívicos y morales específicos.

Currículos Educativos con Enfoque Nacionalista:

Ejemplos concretos en la educación básica en México reflejan cómo los currículos educativos han moldeado la mentalidad de los estudiantes y, por ende, de los maestros. Durante diversas épocas, los programas educativos han incorporado un enfoque nacionalista, promoviendo la historia y los valores patrios de México. Esto puede influir en la mentalidad de los maestros, quienes, al seguir estos currículos, pueden transmitir una perspectiva específica sobre la identidad nacional y los eventos históricos.

Enfoques Tradicionales y Cambios Pedagógicos:
La adopción de enfoques tradicionales en la educación básica también ha influido en la mentalidad de los maestros. Ejemplos de prácticas pedagógicas centradas en

la memorización y la repetición, que han sido prominentes en ciertos periodos, pueden dar forma a la percepción de los educadores sobre el propósito y la eficacia de la enseñanza. A medida que se implementan cambios pedagógicos para fomentar métodos más participativos y centrados en el estudiante, los maestros pueden experimentar un cambio en su mentalidad sobre el proceso educativo.

Impacto de la Diversidad Cultural en la Educación:

La diversidad cultural en México también ha dejado su huella en la mentalidad de los maestros y en la educación básica. En contextos donde se promueve la valoración y la inclusión de la diversidad cultural, los maestros pueden adoptar una mentalidad más abierta y respetuosa hacia las diferencias. Sin embargo, en situaciones donde persisten desafíos de equidad y discriminación, la mentalidad de los maestros puede verse afectada, repercutiendo en la forma en que abordan la diversidad en el aula.

Influencia de las Políticas Educativas:

Las políticas educativas también desempeñan un papel crucial en la mentalidad de los maestros y en la educación básica. Ejemplos de políticas que enfatizan la evaluación estandarizada pueden llevar a una mentalidad centrada en cumplir con requisitos cuantificables, a expensas de enfoques más holísticos y creativos. Por otro lado, políticas que fomentan la autonomía del maestro y la adaptabilidad pueden influir en una mentalidad más innovadora y centrada en el estudiante.

Los ejemplos de cómo la educación moldea la mentalidad en los maestros normalistas y en la educación básica en México son diversos y complejos. Desde corrientes pedagógicas hasta políticas educativas y enfoques pedagógicos, estos elementos interactúan para formar las perspectivas de los educadores y, por extensión, la mentalidad de las generaciones a las que sirven. Comprender estos factores es esencial para abordar de manera efectiva los desafíos y oportunidades en el sistema educativo mexicano.

Medios de Control: Examina las herramientas utilizadas para controlar la educación, como manuales, libros de texto, y la influencia de las autoridades educativas. Medios de Control en la Educación: La Influencia de Manuales, Libros de Texto y Autoridades Educativas

La educación, como vehículo para la transmisión de conocimientos y valores, no escapa a la dinámica de control que puede ejercerse sobre ella. Este ensayo se adentrará en los medios de control utilizados en la educación, centrándose en la influencia ejercida por manuales, libros de texto y las autoridades educativas. Examinar cómo estas herramientas son utilizadas permite comprender la dinámica de poder que influye en la formación de las mentes de las generaciones venideras.

Manuales Educativos como Directrices Normativas:

Los manuales educativos actúan como guías normativas, delineando no solo el contenido curricular, sino también los valores y perspectivas que deben prevalecer. Estos manuales, creados por especialistas y autoridades educativas, establecen un marco de referencia que influye en la enseñanza y aprendizaje. Al ser herramientas de control, pueden moldear la mentalidad de estudiantes y profesores al promover ciertas interpretaciones y enfoques sobre los temas.

Libros de Texto como Narradores de la Historia:

Los libros de texto desempeñan un papel crucial en la educación, ya que actúan como narradores de la historia y transmisores de conocimiento. Sin embargo, también pueden convertirse en medios de control al reflejar las perspectivas de quienes los escriben. Ejemplos de sesgos históricos o interpretaciones particulares pueden impactar en cómo los estudiantes comprenden eventos pasados, contribuyendo así a una mentalidad conformista y limitada.

Influencia de las Autoridades Educativas:

Las autoridades educativas, ya sea a nivel local, regional o nacional, ejercen una influencia significativa en la educación. Su capacidad para establecer políticas, aprobar currículos y dictar directrices pedagógicas permite el control sobre el sistema educativo en su conjunto. La influencia de estas autoridades en la formación de la mentalidad se manifiesta a través de decisiones que definen qué conocimientos son priorizados y cómo se deben presentar.

Estándares y Evaluaciones como Instrumentos de Control:

La implementación de estándares educativos y evaluaciones estandarizadas también se percibe como un medio de control en la educación. Estos instrumentos establecen criterios que los estudiantes y los educadores deben cumplir, moldeando así el enfoque y las prioridades en la enseñanza. Pueden impulsar una mentalidad orientada hacia la preparación para exámenes en lugar de fomentar la exploración y el pensamiento crítico.

La Dinámica de Poder y Resistencia:

Es crucial reconocer que esta dinámica de control en la

educación no es un proceso unidireccional. Aunque las autoridades educativas y los materiales educativos ejercen control, también hay espacio para la resistencia y la reinterpretación. Los educadores y estudiantes pueden desafiar las normas impuestas, seleccionar fuentes alternativas y abogar por un enfoque educativo más crítico y equitativo.

Contrarrestando el Control a través de la Diversidad y la Crítica:

Para contrarrestar la influencia de los medios de control en la educación, es esencial fomentar la diversidad y el pensamiento crítico. La inclusión de múltiples perspectivas en manuales y libros de texto, así como la promoción de evaluaciones formativas que valoren la comprensión profunda sobre la memorización, son pasos hacia un enfoque educativo más equitativo y enriquecedor.

En conclusión, la influencia de los medios de control en la educación a través de manuales, libros de texto y autoridades educativas es un fenómeno complejo que moldea la mentalidad de las generaciones futuras. La comprensión de estos mecanismos de control es esencial para abogar por un sistema educación

Destaca casos históricos o contemporáneos que ilustren este control en México Control en la Educación en México: Ejemplos Históricos y Contemporáneos:

La historia y realidad contemporánea de México ofrecen ejemplos notables de control en la educación, evidenciando cómo diversas instancias han influenciado la formación de la mentalidad de estudiantes y maestros. Este ensayo destacará casos históricos y contemporáneos que ilustran el control en la educación mexicana, examinando cómo ciertos eventos y políticas han moldeado la percepción y el pensamiento en el ámbito educativo.

Ejemplos Históricos:

1.	La Educación Posrevolucionaria (1920-1940): Durante el periodo posrevolucionario en México, la educación se convirtió en un medio para la consolidación del nuevo orden político. El control gubernamental se reflejó en la formulación de un currículo que promovía ideales nacionalistas y valores afines al régimen. Se buscaba crear una identidad colectiva y homogénea, utilizando la educación como herramienta de unidad nacional.

2.	Periodo de Dominio del Partido Revolucionario Institucional (PRI):

A lo largo de las décadas en las que el PRI mantuvo un control político casi ininterrumpido, se ejerció un fuerte control sobre la educación. El currículo reflejaba la ideología del partido, promoviendo una versión específica de la historia y ciertos valores. Los libros de texto, diseñados bajo la supervisión del gobierno, actuaron como instrumentos para moldear la mentalidad de los estudiantes.

Ejemplos Contemporáneos:

1.	Reformas Educativas y Evaluaciones Estandarizadas (2000s-2010s):
En las últimas décadas, diversas reformas educativas en

México han introducido evaluaciones estandarizadas y estándares curriculares. Aunque estas medidas buscan mejorar la calidad educativa, también han sido criticadas por su énfasis en la memorización y la preparación para exámenes. Este enfoque puede actuar como un medio de control al definir estrechamente qué se considera éxito académico.

2.   Influencia de Grupos de Poder en la Creación de Contenidos Educativos:

La participación de grupos de poder, ya sea políticos, empresariales o religiosos, en la creación de contenidos educativos ha sido motivo de preocupación. Se ha señalado la influencia de estos grupos en la inclusión o exclusión de ciertos temas en los libros de texto, afectando así la objetividad y diversidad de perspectivas en la educación.

3.   Polarización y Desafíos de Inclusión Cultural:

La polarización política y social en México también ha dejado su huella en la educación. Casos contemporáneos revelan desafíos para incluir diversas perspectivas culturales y políticas en el currículo. La resistencia a la inclusión de temas sensibles o controvertidos a menudo refleja la lucha por el control sobre la narrativa educativa.

Respuestas y Desafíos Actuales:

Frente a estos ejemplos históricos y contemporáneos de control en la educación en México, se han producido respuestas significativas. Organizaciones de la sociedad civil, maestros y estudiantes han abogado por un enfoque educativo más inclusivo, crítico y diverso. Sin embargo, los desafíos persisten, y la lucha por el control en la educación continua, ya que diferentes actores buscan imponer sus visiones en el ámbito educativo.

La historia y realidad contemporánea de México evidencian la presencia constante del control en la educación. Desde la consolidación de un discurso nacionalista hasta las luchas actuales por la inclusión y diversidad, la educación ha sido un terreno de disputa. Comprender estos casos es esencial para abogar por un sistema educativo que fomente la autonomía intelectual, la diversidad de perspectivas y el pensamiento crítico, fundamentos cruciales para el desarrollo de una sociedad reflexiva y democrática.

4.   Impacto en la Diversidad de Pensamiento:

Impacto en la Diversidad de Pensamiento en la Educación: Navegando por Perspectivas Variadas

La diversidad de pensamiento es un componente esencial de la riqueza intelectual y social de una sociedad. En el contexto educativo, la manera en que se aborda y se valora la diversidad de pensamiento tiene consecuencias profundas en la formación de individuos críticos y reflexivos. Este ensayo explorará el impacto de la diversidad de pensamiento en la educación, destacando cómo un enfoque inclusivo puede enriquecer la experiencia educativa y preparar a las generaciones futuras para enfrentar los desafíos de un mundo diverso y complejo.

Fomentando la Tolerancia y Empatía: La diversidad de pensamiento en el aula ofrece a los estudiantes la oportunidad de ser expuestos a una amplia gama de perspectivas y opiniones. Al interactuar con compañeros que tienen experiencias de vida, valores y puntos de vista diferentes, los estudiantes desarrollan habilidades cruciales como la tolerancia y la empatía. Estas habilidades no solo son fundamentales para la convivencia en una sociedad diversa, sino que también contribuyen a la formación de ciudadanos comprometidos y comprensivos.

Estimulando el Pensamiento Crítico:

La diversidad de pensamiento actúa como un catalizador para el pensamiento crítico. Cuando los estudiantes se enfrentan a ideas diversas, se ven desafiados a cuestionar sus propias creencias, a analizar información desde múltiples perspectivas y a desarrollar argumentos fundamentados. Este proceso no solo fortalece las habilidades analíticas, sino que también prepara a los estudiantes para enfrentar situaciones complejas en su vida personal y profesional.

Promoviendo la Innovación y la Creatividad:

Un entorno educativo que valora la diversidad de pensamiento fomenta la innovación y la creatividad. La colaboración entre individuos con enfoques diversos puede dar lugar a soluciones únicas y perspectivas innovadoras. La creatividad florece cuando se permite la libre expresión de ideas y se celebra la diversidad cognitiva. Las aulas que cultivan este tipo de ambiente preparan a los estudiantes para aportar ideas novedosas en un mundo que requiere constantemente innovación.

Desarrollando Ciudadanos Informados y Activos:

La diversidad de pensamiento en la educación contribuye a la formación de ciudadanos informados y activos. Cuando se presentan diversas perspectivas sobre temas sociales, políticos y éticos, los estudiantes están mejor equipados para participar en el discurso público y contribuir a la toma de decisiones en sus comunidades. La diversidad de pensamiento nutre el sentido de responsabilidad cívica al promover una comprensión más completa de los desafíos y oportunidades que enfrenta la sociedad

Desafíos en la Implementación Efectiva:

Aunque la diversidad de pensamiento ofrece beneficios significativos, su implementación efectiva en la educación enfrenta desafíos. Las barreras culturales, sociales y económicas pueden limitar el acceso a una educación diversa. Además, la resistencia a la inclusión de ciertos temas o perspectivas puede prevalecer en algunos entornos educativos. Superar estos desafíos requiere un compromiso continuo con la equidad y la inclusión.

El impacto de la diversidad de pensamiento en la educación es profundo y transformador. Al valorar y fomentar la diversidad de perspectivas, las instituciones educativas no solo enriquecen la experiencia de aprendizaje, sino que también cultivan habilidades esenciales para el desarrollo personal y social. La diversidad de pensamiento prepara a los estudiantes para afrontar un mundo complejo, contribuyendo a la construcción de sociedades más justas, comprensivas e innovadoras. Al abrazar esta diversidad, la educación se convierte en un faro de conocimiento y entendimiento, guiando a las generaciones futuras hacia un futuro más inclusivo y prometedor.

Discute cómo la uniformidad educativa puede limitar la diversidad de opiniones y perspectivas. Limitando la

Diversidad de Opiniones y Perspectivas: El Impacto de la Uniformidad Educativa

La uniformidad educativa, aunque busca establecer estándares y proporcionar estructura, puede tener consecuencias significativas en la diversidad de opiniones y perspectivas dentro de la comunidad educativa. Este ensayo explorará cómo la búsqueda de una enseñanza estandarizada y homogénea puede restringir la variedad de pensamientos, limitando así la riqueza y la amplitud de la experiencia educativa.

Homogeneización del Conocimiento:

La uniformidad educativa a menudo se traduce en la homogeneización del conocimiento. Al establecer un conjunto estandarizado de temas y enfoques pedagógicos, se corre el riesgo de limitar la diversidad de temas que los estudiantes pueden explorar. Este enfoque uniforme puede dar lugar a una pérdida de oportunidades para que los estudiantes se sumerjan en áreas de interés personal y desarrollen perspectivas únicas.

Reducción de la Creatividad y la Innovación:

Cuando la educación se centra en la uniformidad, la creatividad y la innovación pueden sufrir. La uniformidad tiende a favorecer la memorización y la regurgitación de hechos en lugar de la exploración creativa y la aplicación de conceptos en contextos novedosos. La falta de diversidad de enfoques puede limitar la capacidad de los estudiantes para desarrollar habilidades de resolución de problemas y pensamiento innovador.

Impacto en el Pensamiento Crítico:

La uniformidad educativa puede tener un impacto negativo en el desarrollo del pensamiento crítico. Al presentar una única perspectiva o interpretación de los eventos históricos, conceptos científicos o temas sociales, se priva a los estudiantes de la oportunidad de analizar y cuestionar activamente la información. La diversidad de pensamiento es esencial para fomentar un pensamiento crítico robusto y una comprensión profunda de los temas.

Limitaciones en la Preparación para la Diversidad Global:

En un mundo cada vez más interconectado y diverso, la uniformidad educativa puede dejar a los estudiantes mal preparados para la realidad global. La falta de exposición a diversas perspectivas y culturas puede limitar su capacidad para comprender y colaborar con personas de diferentes orígenes. La diversidad de pensamiento es esencial para construir ciudadanos globales informados y respetuosos.

Desafíos para la Inclusión y la Equidad:

La uniformidad en la educación también puede presentar desafíos en términos de inclusión y equidad. Las experiencias de vida variadas, las identidades culturales diversas y los estilos de aprendizaje únicos pueden quedar excluidos cuando se implementa un enfoque educativo uniforme. Esto puede resultar en la marginación de ciertos grupos y contribuir a la perpetuación de desigualdades.

Abordando la Uniformidad con Inclusión:

Para mitigar los efectos negativos de la uniformidad educativa, es esencial adoptar un enfoque más inclusivo. Esto implica reconocer y celebrar la diversidad de opiniones y perspectivas. Fomentar un ambiente donde los estudiantes sientan que sus experiencias y pensamientos son validados promueve una cultura educativa que valora la diversidad y la riqueza de las diferentes formas de pensar. La uniformidad educativa puede tener un impacto significativo en la diversidad de opiniones y perspectivas en el ámbito educativo. Es crucial reconocer los desafíos que presenta este enfoque y trabajar activamente hacia una educación más inclusiva que abrace la diversidad de pensamiento. Al hacerlo, no solo enriquecemos la experiencia educativa, sino que también preparamos a las generaciones futuras para enfrentar un mundo complejo y diverso con una mentalidad abierta y reflexiva.

Capítulo 3
La Relación de la Escuela con la Vida Cotidiana

La relación entre la escuela y la vida cotidiana es como una danza constante entre dos amantes apasionados. La escuela nos introduce a un mundo de conocimiento, nos desafía a pensar más allá de lo evidente y nos inspira a ser versiones mejoradas de nosotros mismos. Es como un mentor sabio que nos guía en el camino hacia el éxito.

Por otro lado, la vida cotidiana es como un escenario donde ponemos en práctica lo que aprendemos en la escuela. Es donde enfrentamos desafíos, tomamos decisiones y nos enfrentamos a la realidad sin filtros. Es un campo de juego donde ponemos a prueba nuestras habilidades y conocimientos adquiridos.

La escuela y la vida cotidiana se complementan y se nutren mutuamente. La escuela nos prepara para la vida, nos brinda las herramientas necesarias para enfrentar los desafíos que se nos presentan en el día a día. Y la vida cotidiana nos permite aplicar lo que aprendemos en la escuela, nos muestra la importancia de adquirir habilidades prácticas y de tener una mentalidad abierta y flexible.

La relación entre la escuela y la vida cotidiana es una simbiosis perfecta, una danza armoniosa entre teoría y práctica, entre aprendizaje y aplicación. Es un viaje apasionante donde cada experiencia en la escuela se convierte en un recurso invaluable en nuestra vida cotidiana.

La Relación de la Escuela con la Vida Cotidiana

Tejiendo Puentes: La Relación de la Escuela con la Vida Cotidiana y los Desafíos de la Conexión Docente

En la sinfonía de la educación, la relación de la escuela con la vida cotidiana emerge como una partitura que, a veces, se entrelaza con destreza y, en otras ocasiones, suena discordante. Este ensayo explora el intricado tejido entre la enseñanza en el aula y la aplicabilidad en la vida cotidiana, desentrañando por qué muchos maestros encuentran desafíos al enlazar los conocimientos del aula con las experiencias diarias de los estudiantes. Al sumergirnos en esta reflexión, descubrimos los obstáculos y las oportunidades que yacen en la creación de un puente significativo entre la teoría académica y la práctica cotidiana.

La Escuela y la Vida Cotidiana: Un Baile Sutil:

La relación entre la escuela y la vida cotidiana puede ser un baile sutil, donde las lecciones del aula encuentran su resonancia en las experiencias diarias de los estudiantes. Sin embargo, este baile requiere de coreografía y sincronización para ser realmente efectivo. A menudo, la desconexión se manifiesta cuando los conceptos abstractos y las teorías académicas parecen distantes de las realidades prácticas que los estudiantes enfrentan en sus vidas diarias.

Desafíos de la Desconexión Docente:

Muchos maestros enfrentan el desafío de traducir la abstracción del conocimiento académico en experiencias tangibles y aplicables para sus estudiantes. Esta desconexión puede tener raíces en diversos factores, desde la rigidez del currículo hasta las presiones del tiempo y las limitaciones de recursos. Además, la falta de entrenamiento específico para crear conexiones significativas entre la teoría y la práctica puede contribuir a que los maestros se sientan desorientados al intentar abordar esta brecha. La Prisa del Currículo y la Superficialidad del Aprendizaje: En muchos casos, la presión por cubrir extensos currículos y preparar a los estudiantes para exámenes estandarizados puede llevar a un enfoque superficial del aprendizaje. Este ritmo acelerado puede hacer que los maestros se centren en transmitir información en lugar de fomentar la comprensión profunda y la aplicación práctica. La falta de tiempo para explorar conexiones más allá de la superficie del conocimiento académico contribuye a la brecha entre la escuela y la vida cotidiana.

Desconexión Cultural y Experiencial:

La desconexión entre la escuela y la vida cotidiana también puede estar arraigada en diferencias culturales y experiencias individuales. Los maestros pueden enfrentar dificultades al comprender las realidades y perspectivas específicas de sus estudiantes, lo que dificulta aún más la tarea de hacer que las lecciones sean relevantes y aplicables. La falta de sensibilidad cultural y la comprensión de las experiencias de vida únicas de los estudiantes pueden contribuir a una brecha que se amplía con cada lección desvinculada.

Oportunidades para la Integración Significativa:

A pesar de estos desafíos, existen oportunidades valiosas para integrar de manera significativa los conocimientos del aula en la vida cotidiana. La creatividad pedagógica, la flexibilidad curricular y el enfoque en el aprendizaje experiencial son herramientas poderosas que los maestros pueden aprovechar para construir puentes auténticos entre la teoría y la práctica. Al incorporar ejemplos del mundo real, estudios de caso relevantes y actividades prácticas, los maestros pueden ilustrar de manera más efectiva la aplicabilidad de los conceptos académicos en la vida diaria.

Despedida a la Desconexión: Creando un Puente Duradero:

En la despedida a la desconexión entre la escuela y la vida cotidiana, es imperativo que los maestros asuman el papel de arquitectos de puentes duraderos. La formación continua, el apoyo institucional y la colaboración entre educadores pueden desempeñar un papel fundamental en este proceso. Al nutrir un entorno educativo que valora y facilita la integración significativa, los maestros pueden superar los desafíos y ofrecer una experiencia educativa que resuene con la vida cotidiana de sus estudiantes.

En la sinfonía educativa, la conexión entre la escuela y la vida cotidiana es una melodía esencial. Los maestros, como directores de esta sinfonía, enfrentan desafíos, pero también poseen el poder de transformar la desconexión en una armonía significativa. Al explorar las causas de esta brecha y aprovechar las oportunidades para la integración auténtica, los educadores pueden tejer un puente duradero que une el aula con las experiencias diarias de sus estudiantes. Este ensayo invita a reflexionar sobre cómo, a través de la colaboración, la creatividad y la empatía, podemos construir un puente educativo que resuene con la vida cotidiana, proporcionando a los estudiantes una conexión valiosa entre el aprendizaje académico y la realidad que los rodea.

Conexión entre teoría educativa y aplicaciones prácticas. La conexión entre la teoría educativa y las aplicaciones prácticas en el aula y la escuela es un componente fundamental para el desarrollo efectivo del proceso educativo. La teoría educativa proporciona el marco conceptual que guía a los educadores en la comprensión de los principios pedagógicos, mientras que las aplicaciones prácticas se traducen en estrategias tangibles que dan vida a esos conceptos en entornos educativos concretos.

En primer lugar, la teoría educativa sirve como brújula para los educadores, ofreciendo un conjunto de principios que sustentan la enseñanza y el aprendizaje. Teorías como el constructivismo, el conductismo y el socioconstructivismo, por ejemplo, proporcionan lentes a través de las cuales los educadores pueden entender cómo los estudiantes adquieren conocimientos y habilidades. Estos fundamentos teóricos influyen en la toma de decisiones pedagógicas y en la planificación curricular, creando un andamiaje sólido para la práctica docente. La aplicación práctica de estas teorías se observa en la diversidad de métodos y estrategias implementados en el aula. Por ejemplo, un profesor que abraza el constructivismo puede fomentar el aprendizaje activo y la resolución de problemas, permitiendo que los estudiantes construyan su propio conocimiento. Por otro lado, un enfoque conductista podría incorporar la retroalimentación inmediata y refuerzos positivos para fortalecer comportamientos deseados. Estas aplicaciones concretas en el aula reflejan la adaptación de la teoría educativa a contextos específicos. La relación entre teoría y práctica se vuelve aún más vital en el entorno escolar, donde los educadores enfrentan desafíos diversos y dinámicos. La teoría educativa proporciona un marco estable, pero su relevancia se mide en la capacidad de los educadores para traducirla en estrategias efectivas y adaptarse a las necesidades cambiantes de los estudiantes. La flexibilidad en la aplicación práctica permite a los educadores responder a la diversidad de estilos de aprendizaje, habilidades y experiencias previas en el aula.

En conclusión, la conexión entre teoría educativa y aplicaciones prácticas en el aula y la escuela es esencial para cultivar un entorno educativo efectivo y en constante evolución. La teoría sirve como cimiento conceptual, mientras que la práctica da vida a esos principios en experiencias educativas tangibles. Esta sinergia entre teoría y práctica no solo enriquece la enseñanza y el aprendizaje, sino que también prepara a los estudiantes para enfrentar los desafíos del mundo real al conectar la abstracción teórica con la realidad concreta del aula.

Impacto de la educación en la vida diaria

Desafiando Dogmas: Poniendo en Duda el Impacto de la Educación en la Vida Diaria de los Alumnos

En el tapiz de la educación, a menudo aceptamos de manera implícita la premisa de que la enseñanza en las aulas tiene un impacto profundo y duradero en la vida diaria de los alumnos. Sin embargo, este ensayo se aventura en un terreno desafiante, cuestionando la magnitud y la naturaleza de ese impacto. Al explorar perspectivas alternativas, desafiamos dogmas arraigados y nos sumergimos en un análisis que invita a la reflexión sobre la verdadera influencia de la educación en las experiencias cotidianas de los estudiantes.

La Falacia del Impacto Universal:

La creencia común de que la educación deja una marca indeleble en la vida diaria de todos los alumnos puede ser una falacia universalizadora. Cada individuo es un lienzo único, moldeado por una intersección de factores que van más allá de la educación formal. Las experiencias familiares, culturales, económicas y personales tejidas en la trama de la vida de un estudiante pueden eclipsar, en ciertos casos, el impacto directo de la educación escolar.

Desconexión entre Conocimiento Académico y Habilidades Prácticas: Uno de los puntos de quiebre en el cuestionamiento del impacto de la educación radica en la desconexión entre el conocimiento académico adquirido en las aulas y las habilidades prácticas requeridas en la vida diaria. La memorización de hechos históricos, fórmulas matemáticas o teorías científicas puede parecer, en muchos casos, desvinculada de las habilidades esenciales para enfrentar los desafíos reales que se presentan en la cotidianidad. Los alumnos a menudo se enfrentan a la paradoja de poseer un vasto conocimiento académico, pero luchan para aplicar ese conocimiento de manera práctica en situaciones del mundo real. Esta desconexión plantea interrogantes sobre la eficacia de la educación en la preparación de los alumnos para afrontar las complejidades y demandas de la vida diaria.

Impacto Sesgado por Factores Externos:

El entorno exterior, incluyendo factores socioeconómicos, condiciones familiares y acceso a recursos, puede eclipsar el impacto directo de la educación en la vida diaria de los alumnos. Las limitaciones impuestas por condiciones económicas precarias, por ejemplo, pueden influir de manera significativa en las oportunidades que los estudiantes tienen para aplicar sus conocimientos y habilidades adquiridos en la escuela.

Esta realidad plantea dudas sobre la equidad del impacto educativo, ya que no todos los alumnos tienen las mismas condiciones para traducir su educación en mejoras tangibles en sus vidas cotidianas. La educación, en este contexto, puede convertirse en un privilegio que beneficia más a aquellos que ya tienen acceso a recursos y oportunidades.

Énfasis en la Evaluación sobre el Aprendizaje Significativo:

El sistema educativo a menudo pone un énfasis

desproporcionado en la evaluación cuantitativa, relegando el aprendizaje significativo a un segundo plano. La presión por los resultados en exámenes estandarizados y calificaciones puede desviar la atención de la verdadera comprensión y aplicación de conceptos en la vida diaria. Los alumnos pueden adoptar estrategias de estudio centradas en la memorización y la regurgitación, en lugar de cultivar habilidades críticas y aplicables en situaciones prácticas. Este énfasis desequilibrado en la evaluación puede distorsionar el propósito fundamental de la educación, debilitando su impacto en la vida diaria de los alumnos al priorizar la acumulación de conocimientos sobre la adquisición de habilidades prácticas y el fomento de la comprensión profunda.

Repensando el Papel de la Educación:

Este ensayo no busca menospreciar la importancia de la educación, sino más bien desafiar la narrativa preestablecida sobre su impacto uniforme y omnipresente en la vida diaria de los alumnos. Al poner en duda estas concepciones arraigadas, invitamos a una reflexión crítica sobre el verdadero alcance y la eficacia de la educación en el desarrollo de las vidas individuales. Quizás, la educación, en su forma actual, pueda beneficiarse de una reevaluación profunda de sus objetivos y métodos. Al buscar un equilibrio entre el conocimiento académico y las habilidades prácticas, y al considerar las circunstancias individuales de los estudiantes, podríamos estar en el camino hacia una educación más significativa y orientada a la vida, que realmente deje una huella impactante en la experiencia diaria de cada alumno.

La educación es una herramienta poderosa que tiene un impacto significativo en nuestra vida diaria. A través de la educación, adquirimos conocimientos, habilidades y valores que nos permiten desenvolvernos de manera más eficiente en el mundo.

Una educación de calidad nos brinda la oportunidad de acceder a mejores oportunidades laborales, mejorar nuestras condiciones de vida y contribuir al desarrollo de nuestra sociedad. Además, nos ayuda a tomar decisiones informadas, resolver problemas de manera creativa y adaptarnos a un mundo en constante cambio.

La educación también juega un rol importante en nuestra salud física y mental, ya que nos enseña hábitos saludables y nos ayuda a desarrollar nuestras habilidades sociales y emocionales. Asimismo, nos brinda la capacidad de cuestionar, analizar y buscar soluciones a los desafíos que enfrentamos en nuestra vida diaria.

En resumen, la educación es un pilar fundamental en la construcción de un futuro próspero y sostenible. Por ello, es importante invertir en la educación de calidad para garantizar un impacto positivo en nuestra vida diaria y en la sociedad en su conjunto.

En el escenario actual, la digitalización y la tecnología han transformado por completo la forma en que nos comunicamos, trabajamos, nos informamos y consumimos contenido. El internet ha revolucionado la manera en que accedemos a la información, permitiéndonos estar conectados constantemente y acceder a una cantidad ilimitada de recursos y conocimientos.

Gracias a la digitalización, hemos visto la evolución de las redes sociales, plataformas de streaming, aplicaciones móviles y herramientas de comunicación instantánea, que nos permiten estar en contacto con personas de todo el mundo en tiempo real. Además, la tecnología ha facilitado el trabajo remoto, permitiendo a las empresas operar de forma más eficiente y flexible.

Sin embargo, esta evolución también ha traído consigo nuevos desafíos, como la privacidad en línea, la desinformación y la adicción a las pantallas. Es importante encontrar un equilibrio entre la vida digital y la vida real, y utilizar la tecnología de manera consciente y responsable.

En definitiva, la digitalización ha abierto un mundo de posibilidades y oportunidades, pero también nos plantea nuevos retos que debemos afrontar con cautela y responsabilidad. Es fundamental adaptarnos a los constantes cambios tecnológicos y aprovechar al máximo las herramientas digitales disponibles para crecer y desarrollarnos tanto a nivel personal como profesional.

En el ámbito educativo, las tecnologías emergentes están revolucionando la forma en que los estudiantes aprenden y los profesores enseñan. Por ejemplo, la realidad virtual y aumentada están siendo utilizadas para crear experiencias de aprendizaje inmersivas y dinámicas, permitiendo a los estudiantes explorar conceptos de manera interactiva y práctica.

Además, la inteligencia artificial se está utilizando para personalizar la educación, adaptando el contenido y el ritmo de aprendizaje a las necesidades individuales de cada estudiante. Esto puede ayudar a garantizar que los estudiantes estén recibiendo la atención y el apoyo que necesitan para alcanzar su máximo potencial.

Otra tendencia interesante en el ámbito educativo es el uso de la gamificación para motivar a los estudiantes y hacer que el aprendizaje sea más divertido y atractivo. Al integrar elementos de juegos en el proceso de enseñanza, los estudiantes pueden sentirse más motivados y comprometidos con su aprendizaje. Las tecnologías emergentes están transformando la educación, ofreciendo nuevas oportunidades para mejorar la experiencia de aprendizaje de los estudiantes y proporcionando herramientas innovadoras para los profesores. Es importante estar al tanto de estas tendencias y considerar cómo pueden ser utilizadas de manera efectiva en el aula para promover un aprendizaje significativo y enriquecedor.

Conexión entre teoría educativa y aplicaciones prácticas

La conexión entre la teoría educativa y las aplicaciones prácticas en el ámbito educativo es fundamental para garantizar una enseñanza efectiva y de calidad. La teoría educativa proporciona un marco conceptual y metodológico que orienta la práctica pedagógica, al tiempo que las aplicaciones prácticas permiten poner en acción dicha teoría en el contexto real del aula.

Es importante destacar que la teoría educativa no debe ser vista como un concepto abstracto y alejado de la realidad, sino como un conjunto de principios y enfoques que sustentan las decisiones y acciones que se toman en el ámbito educativo. Por tanto, la conexión entre la teoría y la práctica es crucial para que los docentes puedan diseñar estrategias de enseñanza eficaces, adaptadas a las necesidades y características de sus estudiantes.

En este sentido, es fundamental que los educadores sean capaces de reflexionar de manera crítica sobre las teorías educativas que sustentan su práctica, así como de identificar cómo estas teorías pueden ser aplicadas de manera efectiva en el aula. Además, es importante que los docentes estén en constante actualización y formación, para poder integrar nuevas teorías y enfoques pedagógicos que respondan a las demandas y retos del contexto educativo actual.

En resumen, la conexión entre la teoría educativa y las aplicaciones prácticas es esencial para garantizar una enseñanza de calidad y promover el desarrollo integral de los estudiantes. Los educadores que logran integrar de manera efectiva la teoría y la práctica son capaces de generar experiencias de aprendizaje significativas y enriquecedoras, que contribuyen al éxito académico y personal de sus alumnos.

La tarea docente es fundamental en el proceso de enseñanza-aprendizaje de los estudiantes. Los docentes tienen la responsabilidad de planificar, organizar y llevar a cabo las clases de manera efectiva para que los alumnos puedan adquirir los conocimientos y habilidades necesarios para su desarrollo académico y personal.

El rol del docente va más allá de la transmisión de información, ya que también implica motivar, guiar, evaluar y dar retroalimentación a los estudiantes. Es importante que los docentes se mantengan actualizados en su campo de conocimiento, así como en las metodologías de enseñanza más efectivas, para poder brindar una educación de calidad a sus estudiantes.

Además, los docentes deben ser empáticos, pacientes y comprensivos con sus alumnos, fomentando un ambiente de respeto y confianza en el aula. La comunicación efectiva, la capacidad de adaptarse a las necesidades individuales de los estudiantes y la creatividad en la enseñanza son cualidades clave que todo docente debe poseer.

En resumen, la tarea docente es una labor comprometida y enriquecedora que requiere de dedicación, pasión y vocación por la educación. Los docentes desempeñan un papel fundamental en la formación de los futuros ciudadanos, por lo que su labor no debe ser subestimada ni menospreciada. Es fundamental que las políticas educativas se enfoquen en temas de la cotidianidad, ya que son aspectos que impactan directamente en la vida de los estudiantes. Al abordar temas como la alimentación saludable, el cuidado del medio ambiente, la convivencia pacífica y el respeto a la diversidad, se promueve una formación integral que prepara a los estudiantes para desenvolverse de manera responsable en su entorno. Además, al integrar estos temas en el currículo educativo se fomenta la reflexión crítica, el pensamiento autónomo y la toma de decisiones informadas, habilidades fundamentales para el desarrollo de una sociedad justa y equitativa. Por lo tanto, es imperativo que las políticas educativas se enfoquen en temas de la cotidianidad para garantizar una educación de calidad y pertinente que contribuya al bienestar y desarrollo de la comunidad educativa.

Impacto en la Sociedad y la Creatividad: La Uniformidad Educativa como Barrera

La uniformidad educativa, al buscar estandarizar métodos y contenidos, ejerce un impacto profundo en la sociedad y la creatividad. Este ensayo explorará ejemplos concretos de cómo la uniformidad educativa puede ser una barrera para el desarrollo de una sociedad vibrante y creativa, limitando la diversidad de pensamiento y socavando el potencial innovador de las generaciones futuras.

Homogeneización del Talento y la Creatividad:

La uniformidad educativa puede resultar en la homogeneización del talento y la creatividad. Cuando se enfatiza la enseñanza de un conjunto limitado de habilidades y conocimientos, se corre el riesgo de pasar por alto y subestimar las capacidades únicas de los estudiantes. La creatividad, que florece en la diversidad de perspectivas, puede quedar restringida, limitando así el descubrimiento y desarrollo de talentos individuales.

Impacto en la Innovación Tecnológica: La uniformidad educativa puede tener repercusiones directas en la innovación tecnológica. Las industrias impulsadas por la tecnología requieren mentes creativas y diversas que aborden problemas desde múltiples perspectivas. Ejemplos históricos y contemporáneos muestran cómo las culturas educativas que fomentan la diversidad de pensamiento han sido incubadoras para avances tecnológicos significativos, mientras que la uniformidad puede actuar como un freno para la adopción de enfoques novedosos.

Limitaciones en la Resolución Creativa de Problemas Sociales: Sociedades enfrentadas a problemas complejos y multifacéticos requieren soluciones creativas. Sin embargo, cuando la educación promueve la uniformidad, se corre el riesgo de generar ciudadanos que carecen de las habilidades para abordar estos desafíos de manera innovadora. Un ejemplo claro es la limitada diversidad de enfoques para resolver problemas sociales, donde la uniformidad educativa puede conducir a soluciones convencionales y a menudo ineficaces.

Desafíos en la Empatía y la Comunicación Intercultural:

En un mundo cada vez más interconectado, la habilidad de comprender y comunicarse efectivamente entre culturas es esencial. La uniformidad educativa puede contribuir a la falta de aprecio por la diversidad cultural y limitar la capacidad de los individuos para practicar la empatía. Esto, a su vez, puede dificultar la construcción de puentes entre comunidades diversas y la resolución de conflictos a través del entendimiento mutuo.

Impacto en la Pluralidad de Voces en la Sociedad:

La uniformidad educativa puede afectar directamente la pluralidad de voces en la sociedad. Cuando se limita la diversidad de pensamiento en la educación, se corre el riesgo de que ciertos grupos o perspectivas sean marginados. Este fenómeno puede contribuir a la perpetuación de desigualdades sociales y políticas, ya que la uniformidad tiende a reflejar y reforzar las normas establecidas, excluyendo voces y experiencias valiosas.

Promoviendo la Uniformidad en Sistemas Autoritarios: Ejemplos históricos en sociedades con sistemas autoritarios ilustran cómo la uniformidad educativa puede ser utilizada como una herramienta para controlar y moldear la narrativa social. Estos regímenes a menudo imponen un currículo estandarizado que promueve la ideología del Estado, limitando la diversidad de pensamiento y reprimiendo la expresión creativa que desafía el statu quo. Superando la Uniformidad para Fomentar la Creatividad: Para superar los efectos negativos de la uniformidad educativa, es esencial adoptar enfoques pedagógicos que valoren y fomenten la diversidad de pensamiento. Incorporar métodos educativos que estimulen la creatividad, la resolución de problemas y la exploración libre de ideas puede ser fundamental para cultivar una sociedad dinámica y resistente. La implementación de programas que celebren la diversidad cultural, social e intelectual también contribuirá a la construcción de comunidades más inclusivas y creativas.

La uniformidad educativa puede actuar como una barrera significativa para la creatividad y la diversidad de pensamiento en la sociedad. A medida que avanzamos hacia un futuro que demanda innovación y comprensión global, es imperativo replantear la educación para que se convierta en un catalizador para la diversidad de perspectivas, la creatividad y la construcción de una sociedad más rica y equitativa. Al hacerlo, no solo nutrimos la imaginación y la originalidad de las generaciones futuras, sino que también forjamos una sociedad más resiliente y adaptable a los desafíos cambiantes del siglo XXI.

Capítulo 4

Conocimiento de la Escuela y Control Mental

Conocimiento de la escuela y el control mental son dos aspectos importantes que se entrelazan en la educación. La escuela es el lugar donde se adquiere conocimiento a través de la enseñanza formal, pero también es un espacio donde se ejerce un control sobre la mente de los estudiantes.

El conocimiento que se adquiere en la escuela se basa en la transmisión de información, teorías y conceptos a través de la instrucción y el aprendizaje. Este conocimiento es fundamental para el desarrollo intelectual y académico de los estudiantes, ya que les permite comprender el mundo que les rodea y adquirir habilidades que les serán útiles en su vida personal y profesional.

Por otro lado, el control mental en la escuela se refiere a la influencia que ejercen los sistemas educativos en el pensamiento, la conducta y las creencias de los estudiantes. A través de la disciplina, el currículum, la evaluación y otras estrategias pedagógicas, la escuela puede moldear la manera en que los estudiantes piensan y se comportan.

Es importante tener en cuenta que el control mental en la

escuela puede tener aspectos positivos, como fomentar la disciplina, el respeto y la responsabilidad, pero también puede tener aspectos negativos, como la imposición de ideas o valores que no son aceptados por todos los estudiantes. En resumen, el conocimiento y el control mental en la escuela son aspectos fundamentales que deben ser abordados de manera crítica y reflexiva, para garantizar que la educación sea un proceso enriquecedor y liberador para todos los estudiantes.

4. Conocimiento de la Escuela y Control Mental

Desentrañando el Vínculo entre el Conocimiento de la Escuela y el Control Mental: Empoderando Maestros y Alumnos

En el complejo entramado del sistema educativo, el conocimiento de la escuela emerge como un poderoso agente moldeador de la mente tanto de maestros como de alumnos. Este ensayo busca explorar este intrincado vínculo y cómo, mediante un entendimiento profundo, se puede transformar el control mental en una herramienta para empoderar, en lugar de limitar.

La escuela, como institución, actúa como un arquitecto de la percepción, definiendo qué es válido, relevante y digno de estudio. En este sentido, el conocimiento de la escuela no solo abarca datos y teorías, sino que también incide en la construcción de la realidad para aquellos inmersos en su atmósfera. Para los maestros, este conocimiento implica el dominio de los contenidos académicos, pero también la comprensión de su rol como facilitadores del pensamiento crítico y la creatividad.

El control mental, aunque cargado de connotaciones negativas, puede ser reconceptualizado como una herramienta para cultivar mentes independientes y reflexivas. Los maestros, al poseer un conocimiento profundo de la escuela, tienen la responsabilidad de utilizar esta influencia para inspirar el cuestionamiento y el análisis en lugar de imponer una conformidad acrítica. Al comprender las estructuras educativas, los educadores pueden desafiarlas y fomentar la autonomía intelectual de los estudiantes.

Por otro lado, los alumnos, al sumergirse en el conocimiento de la escuela, se enfrentan a un doble desafío: absorber información y, al mismo tiempo, mantener su capacidad crítica intacta. Aquí, el control mental puede convertirse en una herramienta de autorreflexión, permitiendo a los estudiantes discernir entre la información internalizada y sus propias perspectivas. La clave radica en transformar el control mental en un proceso consciente de autodirección, donde los estudiantes eligen activamente qué asimilan y qué desafían.

La interacción dinámica entre el conocimiento de la escuela y el control mental destaca la importancia de una educación que no solo transmita información, sino que también fomente la agencia cognitiva. Maestros y alumnos, al entender profundamente cómo se estructura y se comunica el conocimiento en la escuela, pueden desafiar sus propias percepciones y construir un espacio educativo más inclusivo, crítico y enriquecedor.

En última instancia, este análisis invita a maestros y alumnos a reconocer la influencia poderosa del conocimiento de la escuela y a transformar el control mental en un medio para potenciar la mente, promoviendo la autonomía, la creatividad y la capacidad de cuestionar, construyendo así un puente hacia un aprendizaje más profundo y significativo.

Proyectos Internacionales para una Población Acrítica: Proyectos Internacionales y su Potencial para una Población Acrítica: Explorando Desafíos y Oportunidades

Los proyectos internacionales en el ámbito educativo han sido presentados como medio para impulsar el desarrollo y mejorar la calidad de la enseñanza. Sin embargo, cuando se analiza su impacto en la formación de una población crítica, surgen cuestionamientos y reflexiones. Este ensayo examinará cómo los proyectos internacionales pueden contribuir a la formación de una población acrítica, destacando tanto los desafíos inherentes como las oportunidades para fomentar una educación que promueva el pensamiento crítico.

Desafíos en la Homogeneización de Contenidos:

Uno de los desafíos de los proyectos internacionales es la tendencia a homogeneizar los contenidos educativos. Al adoptar estándares globales, existe el riesgo de perder la riqueza de perspectivas locales y reducir la diversidad de pensamiento. La imposición de un currículo estandarizado puede limitar la capacidad de los estudiantes para cuestionar, analizar y contextualizar la información, contribuyendo así a la formación de una población acrítica que acepta pasivamente la información proporcionada.

Influencia de Actores Externos en el Diseño Curricular:

La participación de actores externos, como organizaciones internacionales o entidades gubernamentales extranjeras, puede influir en gran medida en el diseño curricular. A menudo, estos actores buscan promover ciertos valores o perspectivas que pueden no estar alineados con las necesidades y contextos locales. Este fenómeno puede contribuir a la formación de una población acrítica al imponer ideologías externas y limitar la autonomía en la toma de decisiones educativas a nivel local.

Énfasis en la Evaluación Cuantitativa en Detrimento de la Reflexión Crítica:

Algunos proyectos internacionales enfatizan la evaluación cuantitativa de los logros educativos, relegando la reflexión crítica a un segundo plano. La presión por alcanzar métricas específicas puede llevar a la enseñanza centrada en la memorización y la preparación para exámenes, desestimando la importancia de desarrollar habilidades de pensamiento crítico. Esto, a su vez, puede contribuir a una población acrítica que valora más la memorización de datos que la comprensión profunda.

Limitaciones en la Participación Activa de la Comunidad Educativa:

La implementación de proyectos internacionales a veces limita la participación activa de la comunidad educativa local en el diseño y ejecución de iniciativas. Cuando las decisiones son tomadas de manera centralizada y sin una consulta significativa a nivel local, se corre el riesgo de desconectar las iniciativas educativas de las necesidades reales de la comunidad. Esta falta de participación puede contribuir a la apatía y desinterés de la población en relación con su propia educación, formando así una población acrítica.

Oportunidades para Fomentar el Pensamiento Crítico:

A pesar de estos desafíos, los proyectos internacionales también presentan oportunidades para fomentar el pensamiento crítico. Un enfoque equilibrado en el currículo que combine estándares internacionales con la flexibilidad para abordar cuestiones locales puede estimular la capacidad de los estudiantes para cuestionar, analizar y reflexionar críticamente sobre su entorno. Integración de Métodos Participativos y Aprendizaje Experiencial:

La inclusión de métodos participativos y aprendizaje experiencial en proyectos internacionales puede ser una estrategia eficaz para fomentar el pensamiento crítico. Facilitar entornos donde los estudiantes puedan explorar activamente, cuestionar y aplicar conceptos a situaciones del mundo real puede contribuir a una formación más completa y crítica.

Enfoque en Competencias Transversales:

Los proyectos internacionales pueden enfocarse en el desarrollo de competencias transversales, como la resolución de problemas, la comunicación efectiva y la colaboración. Estas habilidades, cuando se incorporan al currículo, promueven una educación que va más allá de la mera acumulación de conocimientos, incentivando la capacidad de los estudiantes para analizar de manera crítica y aplicar su aprendizaje en diversos contextos.

Promoción de la Inclusión Cultural y Social:

Los proyectos internacionales pueden aprovechar su alcance global para promover la inclusión cultural y social. La exposición a diversas perspectivas y contextos puede enriquecer la educación y fomentar una población que aprecie y respete la diversidad, contribuyendo a la formación de ciudadanos más críticos y conscientes.

Los proyectos internacionales, aunque presentan desafíos para la formación de una población crítica, también ofrecen oportunidades significativas. Al abordar los desafíos mediante enfoques equilibrados, participación activa de la comunidad y énfasis en competencias transversales, estos proyectos pueden contribuir a la formación de individuos capaces de cuestionar, analizar y reflexionar críticamente sobre su entorno. La clave radica en diseñar e implementar iniciativas educativas que prioricen la diversidad de pensamiento y promuevan una educación que no solo acumule conocimientos, sino que también forme ciudadanos activos y reflexivos.

1. Análisis de Proyectos Actuales:

Explora proyectos educativos internacionales que podrían tener como objetivo limitar el pensamiento crítico.

El Análisis de Proyectos Actuales: Limitando el Pensamiento Crítico en la Educación Internacional

En la vasta arena de proyectos educativos internacionales, surge la interrogante sobre aquellos que podrían tener como objetivo limitar el pensamiento crítico. Este ensayo se sumergirá en la exploración de proyectos actuales que, a pesar de sus objetivos declarados de mejora educativa, podrían estar contribuyendo inadvertidamente a la formación de una población con limitaciones en el pensamiento crítico.

Homogenización Curricular en Pos de la Estandarización:

Algunos proyectos educativos internacionales, en su afán

de mejorar la calidad educativa, tienden a abogar por la homogenización curricular. La estandarización de contenidos y metodologías puede conducir a un pensamiento uniforme, limitando la capacidad de los estudiantes para cuestionar, analizar y reflexionar críticamente sobre diversas perspectivas. Este enfoque, aunque busca garantizar estándares educativos mínimos, puede resultar en una población que memoriza información sin desarrollar un pensamiento crítico independiente.

Evaluación Cuantitativa como Prioridad Absoluta:

La prevalencia de proyectos que colocan la evaluación cuantitativa en el centro de sus metas puede tener consecuencias en la formación del pensamiento crítico. La presión por alcanzar resultados medibles en pruebas estandarizadas a menudo conduce a una enseñanza enfocada en la memorización y repetición de hechos, relegando el análisis y la reflexión crítica a un segundo plano. Este enfoque, aunque puede mostrar mejoras superficiales en indicadores de rendimiento, podría estar dejando de lado la esencia del pensamiento crítico.

Influencia de Actores Externos con Agendas Ideológicas: La participación de actores externos, como organizaciones internacionales o entidades gubernamentales, a veces se traduce en la imposición de agendas ideológicas en proyectos educativos. Estos actores pueden buscar promover ciertos valores o perspectivas que, aunque pueden ser legítimos, pueden limitar la exposición a visiones alternativas. Este fenómeno puede contribuir a una población que, al adoptar una única perspectiva, no desarrolla la habilidad de evaluar críticamente información desde diversas fuentes.

Análisis del contenido educativo y su influencia en la mentalidad

Desmenuzando la Influencia del Contenido Educativo en la Mentalidad: Más Allá de las Aulas hacia la Transformación Personal. El contenido educativo, esa amalgama de información, valores y perspectivas que fluye a través de las aulas, se revela como un arquitecto invisible de la mentalidad humana. Este ensayo busca explorar el profundo impacto que tiene este contenido en la formación de la mente, extendiéndose más allá de la adquisición de conocimientos para convertirse en un cimiento fundamental de la identidad y la perspectiva individual.

En su esencia, el contenido educativo va más allá de la simple transmisión de datos; es un tejido cultural que influye en la manera en que las personas interpretan el mundo que las rodea. Desde la temprana exposición a las ciencias hasta la inmersión en las humanidades, cada pieza de contenido deja una impronta en la mentalidad, conformando no solo lo que se sabe, sino también cómo se piensa.

La influencia del contenido educativo se extiende más allá de la mera acumulación de hechos. Modela las creencias, moldea los valores y define las perspectivas que los individuos adoptan hacia la vida y la sociedad. Los temas seleccionados para el estudio no son meras piezas aisladas de información; son espejos que reflejan y, en muchos casos, definen la identidad y el propósito de los aprendices.

La mentalidad de crecimiento, por ejemplo, se nutre del contenido que resalta la importancia del esfuerzo, la resiliencia y la superación de desafíos. Asimismo, un currículo que abraza la diversidad y la inclusión puede ser la chispa que encienda una mentalidad abierta y respetuosa hacia las diferencias. En contraste, un enfoque educativo estrecho y dogmático puede plantar las semillas de una mentalidad cerrada y limitada.

Es imperativo reconocer que el contenido educativo no es estático; evoluciona y se adapta a lo largo del tiempo. En este sentido, la responsabilidad de los educadores es monumental. El diseño curricular consciente y la selección cuidadosa de materiales no solo afectan la calidad de la educación, sino que también determinan la dirección en la que se desarrolla la mentalidad de las generaciones futuras.

La relación entre el contenido educativo y la mentalidad es, por tanto, bidireccional. Si bien el contenido influye en cómo se percibe y se interpreta el mundo, la mentalidad de los individuos también afecta cómo absorben, filtran y aplican ese contenido. La comprensión de esta interacción dinámica es esencial para crear un ambiente educativo que no solo transmita conocimientos, sino que también cultive mentes abiertas, críticas y adaptativas.

En resumen, el análisis del contenido educativo y su

influencia en la mentalidad revela la poderosa conexión entre lo que aprendemos y cómo pensamos. Al reconocer esta interrelación, podemos trascender las limitaciones de la educación convencional y aprovechar el potencial transformador del contenido para moldear no solo lo que sabemos, sino también quiénes somos y cómo abordamos el mundo con una mente en constante evolución.

El análisis del contenido educativo consiste en evaluar y examinar el material didáctico utilizado en el proceso de enseñanza-aprendizaje, con el fin de identificar sus fortalezas, debilidades y posibles mejoras. Este análisis puede realizarse desde diferentes perspectivas, como la pedagógica, psicológica, sociológica o cultural, y su objetivo es optimizar la calidad de la educación.

El contenido educativo tiene una gran influencia en la mentalidad de los individuos, ya que moldea sus creencias, valores, actitudes y formas de pensar. Un contenido educativo bien estructurado y fundamentado en evidencia sólida puede contribuir al desarrollo de una mentalidad crítica, reflexiva y abierta al cambio, mientras que un contenido educativo desactualizado, sesgado o carente de rigor puede perpetuar estereotipos, prejuicios y visiones limitadas del mundo. Por ello, es fundamental que los docentes y diseñadores de materiales educativos se esfuercen por seleccionar y elaborar contenidos que promuevan la diversidad, la equidad, la inclusión y la creatividad, para así fomentar en los estudiantes una mentalidad abierta, tolerante y dispuesta a cuestionar y replantear sus propias ideas y creencias. El análisis del contenido educativo es una herramienta clave en este proceso, ya que permite identificar y corregir posibles sesgos, errores o lagunas en los materiales utilizados en el aula.

La educación escolar juega un papel fundamental en la formación de la mentalidad de las personas, ya que es en la etapa escolar donde se adquieren los conocimientos, habilidades y valores que moldean nuestro pensamiento y comportamiento. Algunas formas en las que la educación escolar influye en la mentalidad de las personas son:

1. Desarrollo cognitivo: La educación escolar promueve el desarrollo de habilidades cognitivas como la memoria, la atención, el razonamiento lógico y la resolución de problemas, lo que

contribuye a la formación de un pensamiento crítico y analítico.

2. Construcción de valores: Durante la etapa escolar se transmiten valores éticos y morales que influyen en la forma en que las personas perciben el mundo y se relacionan con los demás. La educación promueve valores como la solidaridad, la tolerancia, el respeto y la equidad, que son fundamentales para una convivencia pacífica y armoniosa.

3. Adquisición de conocimientos: La educación escolar proporciona a las personas los conocimientos necesarios para desenvolverse en la sociedad y ejercer con éxito una profesión u oficio. A través de la adquisición de conocimientos en diversas áreas del saber, las personas amplían su visión del mundo y desarrollan una mentalidad abierta y curiosa.

4. Formación de la identidad: En la escuela, las personas tienen la oportunidad de descubrir sus intereses, habilidades y potencialidades, lo que contribuye a la formación de su identidad y autoconcepto. La educación escolar fomenta el

autoconocimiento y la autoaceptación, así como el desarrollo de la autoestima y la confianza en uno mismo.

En resumen, la educación escolar tiene un impacto significativo en la formación de la mentalidad de las personas, ya que les proporciona los conocimientos, habilidades y valores necesarios para desenvolverse de manera adecuada en la sociedad y alcanzar su máximo potencial. Una educación de calidad y centrada en el desarrollo integral de las personas contribuye a la formación de individuos críticos, responsables y comprometidos con su entorno.

El sistema actual se sustenta en una estructura que beneficia a unos pocos en detrimento de la mayoría. La desigualdad, la explotación y la opresión son pilares fundamentales de esta sociedad, donde el poder y la riqueza se concentran en manos de unas pocas élites mientras el resto de la población lucha por sobrevivir en condiciones precarias.

La falta de acceso a recursos básicos como la vivienda, la educación o la salud, así como la discriminación por motivos de género, raza o clase social, evidencian la profunda injusticia que caracteriza a este sistema. Las grandes corporaciones y los gobiernos actúan en beneficio propio, ignorando las necesidades y derechos de la mayoría de la población.

La corrupción, el nepotismo y la impunidad son moneda corriente en este sistema que perpetúa la desigualdad y la injusticia. Las instituciones están diseñadas para proteger y perpetuar el poder de unos pocos, en lugar de promover el bienestar y la igualdad para todos.

Es urgente cuestionar y desafiar este sistema injusto y opresivo, para construir una sociedad más justa, igualitaria y solidaria. Es necesario un cambio radical que ponga fin a la explotación y la discriminación, y que garantice los derechos y la dignidad de todas las personas. Solo así podremos construir un mundo más justo y equitativo para todas y todos.

Desconexión entre el Currículo y la Realidad Local:

La desconexión entre el currículo propuesto por proyectos

internacionales y la realidad local puede ser un obstáculo para el pensamiento crítico. Cuando los contenidos educativos no reflejan las experiencias y desafíos específicos de la comunidad, los estudiantes pueden percibir la educación como algo abstracto y ajeno a su vida cotidiana. Esto puede resultar en una población que no ve la relevancia de la educación para cuestionar y comprender críticamente su entorno.

Enfoque en Habilidades Instrumentales en Detrimento de la Reflexión Profunda: Algunos proyectos internacionales, al centrarse en la adquisición de habilidades instrumentales y prácticas, pueden descuidar la promoción de la reflexión profunda y el pensamiento crítico. La enseñanza orientada únicamente hacia el desarrollo de habilidades técnicas puede dejar de lado el análisis crítico de problemas complejos y la capacidad de los estudiantes para cuestionar y desafiar el status quo.

Posibles Oportunidades de Mejora: Si bien la identificación de proyectos educativos que podrían limitar el pensamiento crítico es crucial, también es esencial señalar oportunidades de mejora. Integrar métodos pedagógicos que fomenten el pensamiento crítico, fomentar la diversidad de perspectivas en el currículo y promover la participación activa de la comunidad educativa son estrategias clave para contrarrestar las limitaciones potenciales.

El análisis de proyectos educativos internacionales revela la necesidad de examinar críticamente los enfoques pedagógicos y sus posibles impactos en la formación del pensamiento crítico. Aunque muchos proyectos buscan genuinamente mejorar la calidad educativa, es imperativo ser consciente de los posibles efectos colaterales que podrían contribuir a una población con limitaciones en su capacidad para analizar, cuestionar y reflexionar críticamente. La búsqueda de un equilibrio entre estándares educativos y el desarrollo integral del pensamiento crítico es esencial para construir una educación internacional que nutra mentes analíticas, independientes y reflexivas.

Ejemplos de cómo ciertas iniciativas pueden contribuir a una mentalidad uniforme.

Forjando la Uniformidad Mental: Un Examen Profundo de Iniciativas Educativas En el fascinante tapiz de las iniciativas educativas, algunas estrategias bien intencionadas pueden, paradójicamente, contribuir inadvertidamente a una mentalidad uniforme. Este ensayo se aventurará a explorar ejemplos específicos que ilustran cómo ciertas iniciativas pueden moldear la mente de manera homogénea, limitando la diversidad de pensamiento y perspectivas. Estandarización Curricular: Una iniciativa común que puede propiciar la uniformidad mental es la estandarización curricular. Al imponer un conjunto único de estándares y objetivos para todas las escuelas y regiones, se corre el riesgo de limitar la diversidad de temas y enfoques pedagógicos. Este enfoque, aunque busca garantizar la calidad educativa, puede resultar en una mentalidad uniforme donde todos los estudiantes son expuestos a la misma información y perspectivas, sin espacio para la riqueza de la diversidad de pensamiento.

Énfasis en la Preparación para Exámenes: Iniciativas que ponen un énfasis desproporcionado en la preparación para exámenes estandarizados también contribuyen a una mentalidad uniforme. Cuando el objetivo principal es superar pruebas específicas, la enseñanza tiende a centrarse en la memorización y regurgitación de información. Este enfoque limita el espacio para la exploración creativa y el pensamiento crítico, resultando en una población que puede compartir conocimientos, pero que carece de la capacidad de aplicarlos de manera innovadora.

Tecnología Educativa Mal Enfocada: Aunque la tecnología educativa ofrece vastas posibilidades, su implementación desenfocada puede conducir a la uniformidad mental. Plataformas que adoptan un enfoque único para la entrega de contenido, sin tener en cuenta las necesidades y estilos de aprendizaje individuales, pueden limitar la diversidad de experiencias educativas. La dependencia excesiva de ciertas herramientas digitales también puede homogeneizar la forma en que los estudiantes interactúan con la información, reduciendo así la variedad de enfoques de aprendizaje.

Control Centralizado del Contenido Educativo: Iniciativas que buscan un control centralizado del contenido educativo pueden dar forma a una mentalidad uniforme al imponer una única narrativa. Cuando la toma de decisiones sobre qué se enseña y cómo se enseña está centralizada, existe el riesgo de marginar perspectivas divergentes y limitar la autonomía de los educadores. Esta uniformidad en la toma de decisiones puede resultar en una mentalidad conformista, donde la diversidad de opiniones y enfoques es sacrificada en aras de la coherencia.

Falta de Inclusión de Perspectivas Locales y Culturales: Las iniciativas que desatienden la inclusión de perspectivas locales y culturales también pueden contribuir a una mentalidad uniforme. Cuando el contenido educativo no refleja la diversidad de contextos y experiencias de la comunidad, se corre el riesgo de perpetuar estereotipos y limitar la apreciación de la riqueza cultural. Esta falta de inclusión puede resultar en una población con una comprensión estrecha y homogénea del mundo que los rodea. Posibles Contramedidas: Abordar la uniformidad mental requerirá contramedidas conscientes y reflexivas. Fomentar la diversidad en el currículo, promover métodos de evaluación variados que valoren el pensamiento crítico y dar voz a las perspectivas locales en la toma de decisiones educativas son pasos esenciales para contrarrestar los efectos homogeneizadores de ciertas iniciativas. En la intrincada danza de las iniciativas educativas, es esencial reconocer cómo algunas estrategias, aunque bien intencionadas, pueden dar forma a una mentalidad uniforme. La diversidad de pensamiento y perspectivas es un tesoro que merece ser cultivado en la educación. Al reflexionar críticamente sobre las iniciativas existentes y adoptar enfoques que valoren la individualidad y la pluralidad de experiencias, podemos aspirar a forjar una sociedad donde la diversidad de pensamiento florezca y la uniformidad mental sea desafiada y superada.

Examinando el papel de la educación en la formación de creencias y perspectivas

Cautivos de la Uniformidad Mental: Explorando las Consecuencias Sociales de una Población Acrítica En la vastedad de una sociedad donde la crítica y el pensamiento reflexivo son desplazados por una uniformidad mental, se desencadenan una serie de consecuencias sociales profundas. Este ensayo se aventurará en la exploración de los posibles efectos cuando la población carece de la capacidad de cuestionar y analizar críticamente su entorno, revelando cómo una sociedad acrítica puede ser cautiva de sus propias limitaciones. Estancamiento Cultural y Social:

Una población acrítica corre el riesgo de experimentar un estancamiento cultural y social. La capacidad de cuestionar las normas establecidas, desafiar las injusticias y proponer ideas innovadoras se ve comprometida cuando la uniformidad mental prevalece. La diversidad de perspectivas, que actúa como un motor para el progreso, se ve sofocada, dando lugar a una sociedad que se aferra a lo familiar y rechaza lo desconocido.

Vulnerabilidad a la Manipulación:

En un escenario donde la población carece de habilidades críticas, la sociedad se vuelve vulnerable a la manipulación. Las fuerzas externas, ya sean políticas, mediáticas o corporativas, pueden ejercer un control más efectivo sobre una población acrítica. La ausencia de un pensamiento crítico robusto facilita la aceptación pasiva de información y narrativas, independientemente de su veracidad o impacto en la sociedad.

Desafíos en la Resolución Creativa de Problemas:

La resolución creativa de problemas, crucial para abordar desafíos complejos y cambiantes, se ve obstaculizada en una población acrítica. La capacidad de idear soluciones innovadoras y pensar fuera de las convenciones se desvanece cuando la uniformidad mental prevalece. Esto limita la adaptabilidad y la capacidad de enfrentar los desafíos emergentes de manera eficaz.

Polarización y Conformismo:

La falta de pensamiento crítico puede contribuir a la polarización y el conformismo. Sin la capacidad de cuestionar las opiniones predominantes o explorar perspectivas alternativas, la sociedad puede dividirse en facciones inflexibles y conformarse con un statu quo que podría no ser beneficioso para todos. Esta polarización puede dar lugar a tensiones sociales y políticas, comprometiendo la cohesión y la colaboración.

Innovación Estancada y Falta de Progreso:

En una sociedad acrítica, la innovación se ve amenazada y el progreso se estanca. La falta de diversidad de pensamiento y la renuencia a desafiar las normas existentes pueden dar como resultado la repetición de prácticas obsoletas. La sociedad se encuentra atrapada en ciclos que no permiten la evolución necesaria para enfrentar los retos cambiantes y aprovechar nuevas oportunidades.

Desinterés en la Participación Cívica:

Una población acrítica también podría mostrar desinterés en la participación cívica activa. La falta de habilidades críticas podría traducirse en una ciudadanía que no se involucra de manera significativa en la toma de decisiones políticas o sociales. Este desinterés puede abrir la puerta a la consolidación de poder en manos de unos pocos, exacerbando las desigualdades y debilitando la salud democrática de la sociedad.

Erosión de la Empatía y la Comprensión:
La uniformidad mental puede erosionar la empatía y la comprensión hacia perspectivas diferentes. Una sociedad acrítica puede carecer de la capacidad de comprender las experiencias y desafíos de otros, dando lugar a la intolerancia y la falta de aprecio por la diversidad. Esto puede afectar las relaciones interpersonales y socavar la cohesión social.

Posibles Estrategias para Mitigar las Consecuencias:

Para mitigar estas consecuencias sociales, es imperativo fomentar el pensamiento crítico desde una edad temprana, promover la diversidad de perspectivas en todos los ámbitos de la sociedad y cultivar un entorno que celebre la innovación y el cuestionamiento saludable.

La educación, los medios de comunicación y las instituciones sociales desempeñan un papel vital en la construcción de una sociedad que valora la diversidad de pensamiento y abraza la riqueza que surge de la crítica constructiva. En última instancia, el reconocimiento de las implicaciones de una población acrítica es el primer paso para forjar una sociedad más resiliente, creativa y comprometida con el progreso. Considera cómo estas iniciativas podrían afectar el desarrollo a largo plazo de las comunidades y las naciones.

Condena Silenciosa: El Impacto a Largo Plazo de la Uniformidad Mental y Acrítica en el Desarrollo de Comunidades y Naciones. En el tejido complejo de comunidades y naciones, la uniformidad mental y la falta de pensamiento crítico actúan como sombras sutiles que, con el tiempo, arrojan su pesada carga sobre el desarrollo a largo plazo. Este ensayo se aventurará a explorar cómo la aceptación pasiva y la homogeneización del pensamiento pueden socavar silenciosamente las bases mismas sobre las que se construyen sociedades vibrantes y naciones resilientes.

Desvanecimiento de la Innovación:

En el corazón del desarrollo sostenible y floreciente yace la innovación constante. La uniformidad mental, al limitar la diversidad de perspectivas y enfoques, actúa como un férreo grillete para la innovación. Las comunidades y naciones que no fomentan el pensamiento crítico corren el riesgo de ver desvanecerse la llama creativa que impulsa los avances tecnológicos, sociales y económicos. La innovación requiere la libertad de cuestionar, imaginar y desafiar el status quo, una libertad que la uniformidad mental amenaza con arrebatar.

Fracturas en la Colectividad: Una población acrítica puede dar lugar a sociedades fracturadas. La falta de habilidades críticas para analizar y comprender perspectivas diversas puede alimentar la polarización y el tribalismo. Las comunidades, en lugar de unirse en la diversidad, pueden encontrarse divididas en líneas rígidas de pensamiento, debilitando la cohesión social necesaria para enfrentar desafíos comunes. La uniformidad mental engendra un terreno fértil para la desconfianza y la falta de empatía, erosionando los cimientos de la solidaridad.

Reproducción de Desigualdades Estructurales: La uniformidad mental puede perpetuar y reproducir esigualdades estructurales. Cuando no se cuestionan las normas y estructuras existentes, las comunidades pueden quedar atrapadas en ciclos intergeneracionales de desigualdad. La falta de pensamiento crítico puede impedir la identificación y abordaje de injusticias sistémicas, perpetuando así brechas económicas, sociales y educativas que persisten a lo largo del tiempo.

Desinterés en la Participación Cívica: Una población acrítica puede manifestar desinterés en la participación cívica. La apatía hacia la toma de decisiones políticas y sociales puede debilitar la salud democrática de una nación. La uniformidad mental puede llevar a una ciudadanía pasiva, que se abstiene de involucrarse activamente en la configuración del futuro de su país. Esto crea un vacío de participación que puede ser llenado por intereses particulares, debilitando así la representatividad y la legitimidad de las instituciones democráticas.

Estancamiento en la Resolución de Problemas Globales: El mundo contemporáneo está interconectado, y los desafíos que enfrentamos trascienden las fronteras nacionales. Una población acrítica, centrada en perspectivas locales y sin capacidad para abordar problemas globales con una mentalidad abierta, corre el riesgo de estancarse en la resolución de cuestiones cruciales como el cambio climático, la desigualdad global y las pandemias. La uniformidad mental limita la capacidad de las comunidades y naciones para contribuir a soluciones globales de manera significativa.

Vulnerabilidad ante Crisis Inesperadas: Las comunidades y naciones que carecen de pensamiento crítico pueden ser más vulnerables ante crisis inesperadas. La incapacidad para adaptarse rápidamente a situaciones cambiantes, analizar y responder de manera efectiva a emergencias puede resultar en consecuencias más severas. La uniformidad mental, al promover la rigidez en el pensamiento, puede obstaculizar la capacidad de las sociedades para navegar por tiempos de incertidumbre con agilidad y resiliencia.

Posibles Vías de Recuperación: Recuperarse de los efectos a largo plazo de la uniformidad mental y la falta de pensamiento crítico requiere un compromiso consciente con la diversidad de perspectivas, la educación que fomente la autonomía intelectual y la promoción de la participación ciudadana activa. El fomento de una cultura que celebre la originalidad, la innovación y la crítica constructiva puede actuar como un antídoto vital para contrarrestar los impactos negativos en el desarrollo a largo plazo de comunidades y naciones. En el lento y silencioso canto de la uniformidad mental y la falta de pensamiento crítico, se teje una narrativa de consecuencias que resuena a lo largo del tiempo. Sin embargo, el conocimiento consciente de estos riesgos abre la puerta a la posibilidad de cambio. La inversión en el desarrollo de una población crítica y reflexiva no solo es esencial para el florecimiento de comunidades y naciones, sino que también es un acto de resistencia contra la condena silenciosa de la uniformidad mental. La diversidad de pensamiento es el cimiento sobre el cual se erige un futuro vibrante y sostenible para las generaciones venideras.

Capítulo 5

La Escuela como Obstáculo para Metas Personales

Desafiando los Moldes: La Escuela como Encrucijada en el Camino de las Metas Personales. En el complejo tapiz de la vida, la escuela se erige no solo como un bastión de conocimientos, sino también como una encrucijada donde se entrelazan sueños personales y las expectativas educativas. Este ensayo se aventura en la intrincada danza entre la búsqueda de metas personales y la estructura rigurosa de la escuela, cuestionando si, en su formato convencional, se convierte en un obstáculo para el florecimiento individual.

La educación, concebida para nutrir el potencial humano, a veces se convierte en un campo de batalla donde las aspiraciones personales chocan con las demandas institucionales. En lugar de ser un trampolín que catapulte a los individuos hacia sus metas, la escuela a menudo se presenta como una serie de obstáculos predefinidos que pueden desviar a los estudiantes de sus pasiones y metas intrínsecas.

La presión por cumplir con estándares académicos, el enfoque unidireccional hacia ciertas disciplinas y el énfasis desmesurado en la evaluación estandarizada crean un caldo de cultivo donde florecen la ansiedad y la desilusión. En este contexto, la escuela se transforma de facilitadora de sueños a una barrera que limita la exploración personal y la diversidad de habilidades y talentos.

La paradoja se intensifica cuando consideramos cómo la escuela, diseñada para preparar a los individuos para el mundo, a veces se convierte en una cárcel de expectativas predefinidas. Los intereses y habilidades únicas de los estudiantes pueden quedar eclipsados por la necesidad de adaptarse a un molde uniforme. En lugar de fomentar la autenticidad y la autodeterminación, la escuela puede convertirse en un camino que conduce a la conformidad en lugar de la realización personal.

No obstante, en medio de esta crítica, es crucial reconocer que la escuela, en su esencia, tiene el potencial de ser un catalizador para el crecimiento y la autodeterminación. La clave radica en desafiar y reformar los sistemas educativos para que se conviertan en plataformas flexibles que nutran la diversidad de talentos y aspiraciones individuales en lugar de limitarlas.

Este ensayo plantea la interrogante: ¿es la escuela un obstáculo para las metas personales? La respuesta yace en la capacidad de repensar y reformar la educación para que se alinee más estrechamente con la riqueza y la singularidad de cada individuo. La escuela debe ser un aliado en la búsqueda de metas personales, un espacio donde los sueños se alimenten en lugar de desvanecerse, desafiando así la noción de que la educación convencional es un mero obstáculo y, en su lugar, convirtiéndola en un faro que guía a cada estudiante hacia sus horizontes más ambiciosos.

Despertando Conciencias: El Peligro Silente de una Educación Desenfocada en el Desarrollo Personal

En la danza perpetua entre el individuo y la educación, emerge una advertencia urgente sobre el riesgo latente de un enfoque educativo desviado. Este ensayo busca iluminar el oscuro rincón donde una educación mal enfocada se convierte en el obstáculo inadvertido que bloquea el desarrollo personal, llamando a la población y a los alumnos a la acción consciente.

La educación, en su forma más pura, debería ser un faro que guía a los individuos hacia su máximo potencial. Sin embargo, el mal enfoque educativo, con su énfasis desproporcionado en la memorización, la competencia desmedida y la rigidez curricular, puede transformarse en un callejón sin salida que limita la exploración y el crecimiento personal. En este escenario, los alumnos, en lugar de descubrir y nutrir sus pasiones, pueden sentirse atrapados en un ciclo interminable de cumplir con expectativas ajenas. La creatividad, la curiosidad y la autenticidad, pilares esenciales del desarrollo personal, pueden quedar sofocados bajo el peso de un sistema educativo que valora más la uniformidad que la singularidad.

El impacto se extiende más allá del aula, permeando la sociedad con individuos que, aunque bien educados en términos académicos, pueden carecer de las habilidades emocionales y sociales esenciales para navegar por la complejidad del mundo real. La educación desenfocada se convierte así en un catalizador para una generación que, aunque llena de conocimientos, puede enfrentar dificultades para aplicarlos de manera significativa en su vida cotidiana. La llamada de atención resuena no solo para los alumnos, sino también para la población en general. Reconocer que una educación desviada puede ser un freno para el desarrollo personal implica un acto de conciencia colectiva. La reforma educativa, guiada por la flexibilidad, la inclusividad y el fomento de habilidades prácticas, se convierte en una necesidad apremiante para desbloquear el potencial latente en cada individuo.

La solución no yace únicamente en cambiar los sistemas educativos, sino también en fomentar una cultura que valore la autenticidad y el desarrollo integral. La diversidad de habilidades, talentos y perspectivas debe ser celebrada y nutrida, en lugar de ser relegada a un segundo plano en la búsqueda implacable de métricas académicas.

Esto es un recordatorio apasionado de que una educación

mal enfocada puede ser más que un desafío académico; puede convertirse en una barrera invisible que bloquea el desarrollo personal. El llamado a la acción es claro: es hora de replantear nuestro enfoque educativo, para que sea un catalizador del florecimiento personal en lugar de ser el obstáculo que inadvertidamente lo obstaculiza.

Estrategias para alinear los objetivos personales con la educación. Despertar Consciente: Estrategias Vitales para Alinear Metas Personales con la Educación

En el intrincado tapiz de la vida educativa, la alineación entre objetivos personales y el camino académico es esencial para un florecimiento auténtico. Este ensayo sirve como un llamado de atención urgente tanto para alumnos como para maestros, destacando estrategias cruciales para que cada paso en el aula se convierta en un catalizador del desarrollo personal, más que en un simple cumplimiento de requisitos académicos. La primera estrategia crucial radica en la autoexploración. Tanto alumnos como maestros deben sumergirse en un viaje de descubrimiento personal para identificar y comprender sus metas intrínsecas. ¿Qué pasiones laten en el corazón de cada individuo? ¿Qué habilidades desean desarrollar? La conciencia profunda de estos aspectos permite trazar un camino educativo que nutra y potencie, en lugar de limitar. La comunicación abierta, la segunda estrategia, se erige como un puente esencial entre estudiantes y educadores. Alumnos, compartan sus objetivos personales con sus maestros; maestros, abran un espacio donde las aspiraciones individuales se conviertan en un punto focal del proceso educativo. La colaboración y el entendimiento mutuo se vuelven herramientas poderosas para tejer un tejido educativo que se alinee con las metas personales de cada estudiante.

La tercera estrategia implica el diseño curricular consciente. Maestros, al reconocer la diversidad de metas entre los alumnos, pueden adaptar y flexibilizar el contenido educativo para permitir la exploración y el desarrollo de habilidades específicas. Un enfoque que abarque la individualidad, más que imponer un estándar uniforme, se convierte en el camino hacia una educación que sirva como plataforma para el florecimiento personal.

La cuarta estrategia se enfoca en la conexión entre teoría y aplicación práctica. La educación cobra vida cuando los conceptos en el aula se entrelazan con experiencias tangibles y aplicaciones en la vida cotidiana. Maestros, al ilustrar cómo los conocimientos académicos se traducen en habilidades prácticas, dotan a los alumnos con las herramientas necesarias para construir puentes sólidos entre sus objetivos personales y la realidad educativa.

La quinta y última estrategia apunta a la autenticidad. Tanto alumnos como maestros deben desafiar la presión de conformarse a expectativas externas y abrazar la autenticidad. La educación, cuando se basa en la honestidad consigo mismo y en la expresión genuina de las aspiraciones, se convierte en el vehículo que impulsa el desarrollo personal. La alineación entre objetivos personales y educación es un viaje vital que requiere conciencia, comunicación, diseño curricular reflexivo, conexión práctica y, sobre todo, autenticidad. Para alumnos y maestros, el desafío radica en transformar cada aula en un escenario donde los objetivos personales no solo coexisten con la educación, sino que se fusionan en un baile armonioso de crecimiento y realización. Este llamado de atención resuena con la importancia de hacer de la educación no solo un medio para obtener conocimientos, sino un camino iluminado que guía hacia la expresión plena de potenciales individuales.

Cómo una educación mal enfocada puede bloquear el desarrollo personal

Una educación mal enfocada puede bloquear el desarrollo personal de una persona de diversas formas. En primer lugar, si la educación se centra únicamente en la memorización de datos y no en el desarrollo de habilidades críticas como el pensamiento crítico, la creatividad y la resolución de problemas, la persona puede encontrarse limitada en su capacidad para enfrentar los desafíos de la vida real.

Además, si la educación no incluye aspectos emocionales y sociales, la persona puede carecer de habilidades para relacionarse adecuadamente con los demás y manejar sus emociones de manera saludable. Esto puede llevar a problemas de comunicación, baja autoestima y dificultades en las relaciones interpersonales. Por otro lado, si la educación no fomenta la autonomía y la autoexploración, la persona puede encontrarse atrapada en un camino predefinido que no se alinea con sus verdaderos intereses y pasiones. Esto puede generar frustración, desmotivación y falta de satisfacción en la vida profesional y personal.

En resumen, una educación mal enfocada puede limitar las oportunidades de crecimiento personal y profesional de una persona, impidiéndole alcanzar su máximo potencial y llevándola a sentirse estancada e insatisfecha en diferentes aspectos de su vida. Es por ello que es importante que la educación se enfoque en el desarrollo integral de cada individuo, promoviendo sus habilidades y potencialidades únicas para que puedan florecer y alcanzar una vida plena y satisfactoria.

La educación en las aulas es fundamental para el desarrollo de las personas, ya que es el lugar donde adquieren conocimientos, habilidades y competencias que les permitirán desenvolverse de manera adecuada en la sociedad. Sin embargo, existen algunas deficiencias que limitan el potencial educativo de los estudiantes.

Una de las principales críticas es la falta de individualización del aprendizaje. En muchas aulas se sigue un enfoque tradicional y se imparte la misma información a todos los estudiantes, sin considerar sus habilidades, intereses o ritmo de aprendizaje. Esto puede llevar a que algunos niños se queden rezagados mientras que otros se aburren al no ser desafiados lo suficiente.

Otro aspecto a mejorar es la falta de enfoque en habilidades blandas, como el pensamiento crítico, la creatividad o la resolución de problemas. Muchos sistemas educativos se centran en la memorización de datos y en la preparación para exámenes, dejando de lado el desarrollo de habilidades que son fundamentales en el mundo laboral actual. Además, la falta de formación continua y de recursos para los docentes también limita la calidad de la educación en las aulas. Los profesores necesitan estar actualizados en metodologías de enseñanza, tecnologías educativas y manejo de la diversidad en el aula, para poder brindar una educación de calidad y adaptada a las necesidades de los estudiantes.

En conclusión, una mala educación en las aulas puede

limitar el desarrollo de las personas y perpetuar la desigualdad social. Es necesario que se implementen cambios en los sistemas educativos para garantizar una educación más inclusiva, personalizada y orientada al desarrollo integral de los estudiantes.

Estrategias para alinear los objetivos personales con la educación

Desarrollar estrategias para alinear los objetivos personales con la educación es de suma importancia, ya que permite a las personas tener una visión clara de hacia dónde quieren dirigir su futuro y de cómo la educación puede ser el medio para alcanzar sus metas. Al alinear los objetivos personales con la educación, se establece un vínculo directo entre lo que se desea lograr a nivel personal y profesional, y las acciones concretas que se deben llevar a cabo para cumplir con esos objetivos. Esto brinda una mayor motivación y enfoque en los estudios, ya que se percibe la educación como un camino para materializar los sueños y aspiraciones de cada individuo. Además, al tener claros los objetivos personales y alinearlos con la educación, se puede aprovechar al máximo las oportunidades de aprendizaje y desarrollo que se presentan en el camino, así como tomar decisiones más acertadas en cuanto a la elección de cursos, carreras o especializaciones que se ajusten mejor a los intereses y habilidades de cada persona.

En resumen, desarrollar estrategias para alinear los objetivos personales con la educación es fundamental para potenciar el crecimiento y el éxito personal, así como para asegurar una conexión significativa entre los procesos educativos y la realización de los proyectos de vida de cada individuo.

En la actualidad, es fundamental que los individuos sean capaces de alinear sus objetivos personales con la educación que reciben en las aulas. Sin embargo, esta tarea no es sencilla, ya que muchas veces el sistema educativo está más enfocado en cumplir con requisitos académicos y curriculares que en fomentar el desarrollo integral y la realización personal de los estudiantes. Desarrollar estrategias efectivas para lograr esta alineación implica un cambio profundo en la forma en la que concebimos la educación. Es necesario que los docentes y las instituciones educativas se preocupen por conocer a fondo a sus estudiantes, sus intereses, habilidades y metas personales, y que diseñen experiencias educativas que permitan a los alumnos explorar y desarrollar sus potencialidades de manera relevante y significativa. Además, es fundamental que se promueva un enfoque más holístico de la educación, que no se limite únicamente a la transmisión de conocimientos académicos, sino que también incluya la formación en competencias emocionales, sociales y laborales que permitan a los estudiantes desenvolverse de manera exitosa en la vida adulta.

En resumen, desarrollar estrategias para alinear los objetivos personales con la educación de las aulas requiere un cambio de paradigma en la forma en la que concebimos la educación, priorizando el desarrollo integral de los estudiantes y fomentando su autonomía, creatividad y realización personal. Solo de esta manera podremos preparar a las futuras generaciones para afrontar los desafíos de un mundo en constante cambio y transformación.

Capítulo 6

Maestros Amargados: Un Peligro Social

La Sombra Detrás del Pupitre: Maestros Amargados y su Impacto Silencioso en la Sociedad. En el tejido social de la educación, un fenómeno sutil pero devastador emerge: maestros amargados, cuya presencia no solo oscurece las aulas, sino que se infiltra en los cimientos mismos de la sociedad. Este ensayo arroja luz sobre el peligro oculto que representan estos educadores desencantados, desafiando a alumnos y sociedad a reconocer y abordar este problema que amenaza la esencia misma de la enseñanza.

La figura del maestro, en su idealización, representa la guía, la inspiración y la facilitación del conocimiento. Sin embargo, cuando la amargura se instala en el corazón de estos educadores, la esencia misma de la educación se ve amenazada. La negatividad se filtra en las interacciones diarias, contaminando la atmósfera educativa y dejando cicatrices invisibles en las mentes jóvenes que absorben más que solo conocimientos académicos.

El impacto social de maestros amargados se manifiesta en una generación que absorbe no solo información curricular, sino también actitudes tóxicas. La desilusión y la falta de pasión de estos educadores se traducen en una pérdida de motivación y entusiasmo entre los alumnos, sembrando las semillas de la apatía y el desinterés en el aprendizaje. Este fenómeno no solo amenaza el presente educativo, sino que socava el potencial futuro de una sociedad llena de individuos desencantados y desconectados.

La raíz del problema no reside únicamente en la actitud individual de los maestros, sino también en un sistema educativo que a menudo ignora o mal gestiona la salud mental y emocional de sus profesionales. La sobrecarga de trabajo, las demandas excesivas y la falta de apoyo pueden convertirse en caldos de cultivo para la amargura, desencadenando un ciclo tóxico que se propaga de generación en generación.

Alumnos y sociedad comparten la responsabilidad de enfrentar este desafío de frente. La empatía y el reconocimiento de las luchas de los maestros son pasos esenciales. La sociedad debe exigir sistemas educativos que prioricen el bienestar emocional y profesional de sus educadores, y los alumnos deben ser agentes activos en la creación de entornos educativos positivos y saludables.

En conclusión, este ensayo sirve como un recordatorio crítico de que maestros amargados no solo son un problema aislado en las aulas, sino una amenaza social que permea la estructura misma de la educación. La transformación es esencial; se necesita un esfuerzo colectivo para reconocer y abordar las raíces de la amargura docente, creando así un ambiente educativo que nutra la pasión, la empatía y el entusiasmo, forjando así un futuro donde la enseñanza sea verdaderamente un faro de inspiración y crecimiento.

Investigación sobre el impacto de la insatisfacción docente

Impacto Profundo: Investigación sobre la Insatisfacción Docente y su Influencia en la Educación

La insatisfacción docente se ha convertido en un fenómeno significativo que, lejos de ser un problema individual, tiene ramificaciones directas en la calidad de la educación y, por ende, en el futuro de las generaciones que pasan por las aulas. Esta investigación se sumerge en estudios académicos y publicaciones clave para explorar el impacto profundo de la insatisfacción docente en el sistema educativo.

1. "Understanding Teacher Job Satisfaction: The Bigger Picture" Autor: Richard M. Ingersoll Este estudio examina las complejas dinámicas que contribuyen a la insatisfacción docente. Ingersoll destaca factores como la carga de trabajo, la falta de apoyo administrativo y la escasa autonomía, evidenciando cómo estas variables afectan no solo el bienestar emocional de los docentes, sino también su capacidad para brindar una

educación de calidad.

2. "Teacher Job Satisfaction: The Role of School Climate and Teacher Recruitment"Autores: Yu Zhang, Xiaoxia A. Newton y David R. Johnson. La investigación de Zhang, Newton y Johnson arroja luz sobre la relación entre la satisfacción laboral de los docentes, el clima escolar y la retención. Sus hallazgos resaltan cómo un ambiente escolar positivo, el apoyo administrativo y las oportunidades de desarrollo profesional pueden mitigar la insatisfacción docente, impactando directamente en la calidad de la enseñanza.

3. "Teacher Job Satisfaction and Student Achievement: The Role of School Climate" Autores: Murat Yildirim y Selcuk Kendir. Este estudio explora la conexión entre la satisfacción laboral de los docentes y el rendimiento estudiantil. Yildirim y Kendir argumentan que la insatisfacción docente puede afectar negativamente el clima escolar, creando un entorno menos propicio para el aprendizaje y, por ende, impactando en los logros académicos de los estudiantes.

4. "The Impact of Teacher Job Satisfaction on Student Learning: An Investigation on the Direct and Indirect Effects" Autor: Ayhan Kursat Erbas Erbas profundiza en la relación entre la satisfacción docente y el aprendizaje estudiantil, examinando tanto los efectos directos como los indirectos. Su investigación destaca cómo la insatisfacción docente puede influir en la calidad de la instrucción y, por ende, afectar la participación y el rendimiento de los estudiantes.

Esta meta-análisis aborda la relación entre la satisfacción laboral de los docentes y el desempeño estudiantil. Se consolidan datos de múltiples estudios para destacar patrones y tendencias, reforzando la idea de que la insatisfacción docente tiene un impacto tangible en los resultados académicos.

En conjunto, estos estudios resaltan la urgencia de abordar la insatisfacción docente como un desafío sistémico que va más allá de la esfera individual. La calidad de la educación está intrínsecamente ligada al bienestar de los docentes, y la atención a estas preocupaciones no solo mejora las condiciones laborales, sino que también fortalece la base misma sobre la cual se construye el futuro educativo de las generaciones venideras.

Consecuencias sociales de un personal educativo desmotivado

Educación en Peligro: Las Consecuencias Sociales de un Personal Educativo Desmotivado La educación, piedra angular de la sociedad, depende en gran medida de la vitalidad y dedicación de su personal educativo. Sin embargo, cuando la desmotivación se arraiga entre los educadores, las consecuencias se extienden más allá del aula, dejando cicatrices profundas en el tejido social. Este ensayo destaca las ramificaciones significativas de un personal educativo desmotivado y llama la atención sobre la urgencia de abordar esta cuestión crítica.

La primera consecuencia palpable es la disminución en la calidad de la enseñanza. La desmotivación se traduce en la pérdida de entusiasmo, creatividad y compromiso por parte de los educadores. Este declive afecta directamente la capacidad de impartir conocimientos de manera efectiva y de inspirar a los estudiantes. La falta de pasión se convierte en un impedimento para la exploración, el aprendizaje activo y la promoción de un ambiente educativo estimulante. Una consecuencia social directa de la desmotivación docente es la disminución del rendimiento estudiantil. Estudios demuestran que maestros desmotivados influyen negativamente en el rendimiento académico de los estudiantes, creando una brecha educativa que se traduce en desigualdades sociales persistentes. Este fenómeno no solo limita las oportunidades de los estudiantes, sino que también contribuye a la reproducción de desventajas sociales.

Otro impacto social palpable es la falta de inspiración para el aprendizaje a largo plazo. Cuando los educadores carecen de motivación, los estudiantes pueden perder la conexión entre lo que se enseña y su aplicación en la vida cotidiana. Esto resulta en una generación de individuos que no solo enfrentan desafíos académicos, sino que también carecen de las habilidades esenciales para la vida y el pensamiento crítico. La desmotivación docente también tiene un efecto en cadena en la formación de ciudadanos activos y comprometidos. La educación no es solo un medio para transmitir conocimientos, sino también para cultivar valores cívicos y ciudadanos responsables. Cuando el personal educativo carece de motivación, se pierde la oportunidad de modelar y fomentar la participación cívica, debilitando así el tejido mismo de una sociedad democrática.

En última instancia, la desmotivación docente alimenta un ciclo vicioso de desinterés y desconfianza en la educación. Los estudiantes absorben las actitudes desmotivadas de sus maestros, lo que lleva a una generación que no solo cuestiona el valor de la educación, sino que también se siente desconectada de su potencial transformador.

Es imperativo que la sociedad reconozca la gravedad de las consecuencias sociales derivadas de un personal educativo desmotivado. La inversión en el bienestar y la motivación de los educadores no solo eleva la calidad de la enseñanza, sino que también construye cimientos sólidos para una sociedad educada, comprometida y equitativa. La llamada de atención es clara: el futuro de una sociedad vibrante y justa depende fundamentalmente de la inspiración y dedicación de aquellos que lideran la educación.

Capítulo 7

Hacia una Educación Crítica y Transformadora

Hacia una Educación Crítica y Transformadora: Inspirando a Docentes, Autoridades y Alumnos

En el corazón mismo de la misión educativa late el potencial de transformar vidas, de sembrar semillas que florecerán en mentes activas y conscientes. Este ensayo busca avivar la llama de la motivación en docentes, autoridades y alumnos, instándolos a abrazar una educación crítica y transformadora que no solo nutre conocimientos, sino que también cultiva ciudadanos empoderados y agentes del cambio.

Para los Docentes:

Ustedes, los educadores, son los arquitectos de mentes. Enseñar no es solo transmitir hechos; es guiar a los alumnos a través de un viaje de descubrimiento y cuestionamiento. Abrazar una educación crítica implica fomentar la curiosidad, el pensamiento reflexivo y la capacidad de cuestionar el status quo. Sean mentores que inspiran a sus alumnos a no solo aprender, sino a comprender y aplicar su conocimiento en el mundo que los rodea. Su rol va más allá de la entrega de lecciones; son catalizadores del cambio y constructores de futuros empoderados.

Para las Autoridades Educativas: La responsabilidad de modelar una educación transformadora recae en sus manos. Diseñen políticas y programas que no solo cumplan con estándares académicos, sino que también fomenten la innovación, la inclusión y la participación activa. Inviertan en el desarrollo profesional de los docentes, brindándoles las herramientas necesarias para cultivar un ambiente educativo que estimule el pensamiento crítico y la creatividad. Su liderazgo puede desencadenar una ola de cambio educativo que trascienda las aulas y deje una marca duradera en la sociedad.

Para los Alumnos: Ustedes son los protagonistas de su propio viaje educativo. Abrazar una mentalidad crítica significa no solo recibir conocimientos, sino cuestionar, analizar y aplicar lo aprendido. No teman desafiar las ideas preestablecidas; en cambio, utilícenlas como trampolín para sus propias exploraciones. Sean agentes activos de su educación, participen en discusiones, busquen nuevas perspectivas y desarrollen habilidades que trasciendan las barreras del aula. Su aprendizaje no se limita a los libros de texto; es una travesía continua hacia el descubrimiento y el empoderamiento. La educación crítica y transformadora es un camino hacia la emancipación intelectual y social. Cuando docentes, autoridades y alumnos se unen en este viaje, se crea un entorno educativo vibrante, donde las mentes se expanden, las perspectivas se desafían y las posibilidades son ilimitadas. La llama de la educación transformadora arde brillante, guiando a cada generación hacia un futuro donde el aprendizaje no solo se acumula, sino que se convierte en un faro que ilumina el camino hacia un mundo más justo, inclusivo y consciente.

Propuestas para reformas educativas

Propuestas para reformas educativas. Reformas Educativas para una Sociedad Crítica e Innovadora: Transformando el Camino del Aprendizaje En el dinámico paisaje del siglo XXI, la educación emerge como el faro que guía la evolución de una sociedad crítica e innovadora. Este ensayo propone reformas audaces que trascienden los paradigmas tradicionales, redefiniendo el camino del aprendizaje hacia uno que no solo nutre conocimientos, sino que también cultiva mentes ágiles, críticas y preparadas para enfrentar los desafíos de un mundo en constante cambio.

1. Enfoque en el Pensamiento Crítico y Creativo: Reformar la educación implica centrarse en el desarrollo integral de habilidades. Integremos el pensamiento crítico y creativo en todos los niveles educativos. Fomentar la capacidad de cuestionar, analizar y crear no solo fortalece la resiliencia mental de los estudiantes, sino que también prepara el terreno para una sociedad capaz de abordar problemas complejos con soluciones innovadoras.

2. Aprendizaje Activo y Colaborativo:
Alejémonos de la pasividad del aprendizaje unidireccional y abracemos un enfoque activo y colaborativo. Las aulas deben convertirse en espacios donde los estudiantes participen en proyectos prácticos, resuelvan problemas reales y colaboren en equipos diversos. Este cambio no

solo mejora la retención del conocimiento, sino que también cultiva habilidades sociales esenciales.

3. Personalización del Aprendizaje: Reconozcamos la diversidad de estilos de aprendizaje y ritmos individuales. Implementemos tecnologías educativas que permitan la personalización del aprendizaje, adaptándose a las necesidades y fortalezas de cada estudiante. Esta reforma garantiza que nadie se quede rezagado y que cada mente florezca a su propio ritmo.

4. Integración de Tecnologías Emergentes: Aprovechemos las tecnologías emergentes para enriquecer la experiencia educativa. Realidad aumentada, inteligencia artificial y plataformas interactivas pueden transformar las aulas en entornos dinámicos y envolventes. Esta integración no solo aumenta el interés de los estudiantes, sino que también los equipa con habilidades relevantes para la era digital.

5. Fomento del Emprendimiento y la Resolución de Problemas: Reformemos los programas educativos para incluir el fomento del espíritu emprendedor y la capacidad

de resolver problemas. Inspirar a los estudiantes a pensar en soluciones innovadoras desde una edad temprana no solo alimenta la creatividad, sino que también prepara a futuras generaciones para liderar en un mundo que valora la iniciativa y la resiliencia.

6.   Evaluación   Integral   del   Desempeño: Dejemos atrás las evaluaciones puramente basadas en exámenes y adoptemos un enfoque más integral del desempeño. Incluyamos evaluaciones prácticas, proyectos colaborativos y portafolios que reflejen las habilidades y conocimientos adquiridos. Este cambio no solo proporciona una visión más precisa del progreso del estudiante, sino que también fomenta un sentido de responsabilidad y autoevaluación. Las reformas educativas propuestas no solo buscan ajustar los métodos de enseñanza, sino transformar el proceso educativo en sí mismo. Al cultivar una sociedad crítica e innovadora, estas reformas no solo se adaptan a las demandas del presente, sino que también siembran las semillas de un futuro donde cada individuo no solo conoce el mundo, sino que también contribuye activamente a su evolución. El camino hacia

una educación transformadora está ante nosotros; solo necesitamos la valentía y la voluntad de emprenderlo.

Fomentar un enfoque más crítico y equitativo en la enseñanza

Forjando el Futuro: Un Llamado a la Enseñanza Crítica y Equitativa. En el epicentro de la revolución educativa se encuentra la imperiosa necesidad de transformar el enfoque educativo hacia la crítica y la equidad. Este ensayo busca inspirar a maestros, alumnos y autoridades a abrazar un cambio innovador que no solo nutra conocimientos, sino que también construya una base sólida de pensamiento crítico y equidad, forjando así el futuro con mentes empoderadas y un sistema educativo inclusivo.

Para los Maestros:

Maestros, son los arquitectos del conocimiento y los guías en el viaje del aprendizaje. Adopten un enfoque pedagógico que no solo transmita hechos, sino que también cultive el pensamiento crítico. Sean catalizadores de la curiosidad y la indagación, fomentando en sus alumnos la habilidad de cuestionar, analizar y reflexionar. Aprovechen la diversidad en el aula como una fuente rica de perspectivas, permitiendo que cada voz sea escuchada y valorada.

Para los Alumnos:
El aprendizaje no es una tarea pasiva, sino una aventura emocionante de autodescubrimiento. Abrazar un enfoque crítico significa no solo aceptar la información, sino cuestionarla y explorar sus matices. Sean agentes activos de su educación; participen en discusiones, busquen nuevas perspectivas y desafíen las ideas preestablecidas. La equidad comienza con el reconocimiento y la celebración de las diferencias; abracen la diversidad como una fuente de enriquecimiento.

Para las Autoridades Educativas:
Las reformas innovadoras son el motor de un cambio duradero. Diseñen políticas que no solo cumplan con estándares académicos, sino que también promuevan la equidad y la inclusión. Inviertan en la formación de maestros para que estén equipados con las herramientas necesarias para cultivar un ambiente educativo crítico y

equitativo. Prioricen la creación de espacios seguros donde cada estudiante tenga la oportunidad de prosperar, independientemente de su origen o circunstancias.

Un Cambio Innovador:

La innovación y la equidad están entrelazadas en el tejido de un cambio transformador. Integrar tecnologías educativas, desarrollar programas que aborden las brechas socioeconómicas y adaptar metodologías pedagógicas para acomodar estilos de aprendizaje diversos son pasos cruciales hacia un sistema educativo más equitativo. La innovación se convierte en la herramienta que rompe barreras y permite que cada estudiante alcance su máximo potencial.

Fomentando un Mundo Más Justo:

El impacto de un enfoque crítico y equitativo en la enseñanza trasciende las aulas para moldear el tejido social. Se convierte en la base para una sociedad donde cada individuo tiene la capacidad de pensar críticamente y contribuir a la construcción de un mundo más justo e inclusivo. La educación se convierte en el faro que guía hacia un futuro donde la equidad no es solo un ideal, sino una realidad vivida.

Es este llamado a la enseñanza crítica y equitativa es un recordatorio de que la educación no es solo la transmisión de conocimientos, sino la formación de mentes capaces de enfrentar los desafíos del mundo con empatía, comprensión y justicia. En cada aula y en cada corazón, el cambio innovador comienza; solo se necesita la voluntad colectiva para desatar su potencial transformador.

La Escuela como Arquitecta de Mentes: Explorando el Impacto Trascendental

En el vasto teatro de la vida, la escuela emerge como un escenario central, desempeñando un papel esencial en la formación de mentes y la construcción de futuros. Este ensayo se sumerge en la trascendencia del impacto de la escuela en la mente de las personas, explorando cómo este entorno educativo moldea no solo el intelecto, sino también los valores, las aspiraciones y el tejido mismo de la sociedad.

La Fundación del Conocimiento:

La escuela, como cimiento del conocimiento, erige las primeras paredes de la mente en desarrollo. Cada lección, cada interacción, se convierte en un ladrillo que contribuye a la construcción del edificio cognitivo. La transmisión de información no es simplemente un acto de enseñanza; es un acto de construcción, donde las ideas se amontonan para formar la estructura mental que sustentará el pensamiento y la comprensión futuros.

Modelando Valores y Ética:

Más allá de la academia, la escuela se convierte en la forja donde se moldean los valores y la ética de una generación. Los profesores, a través de su ejemplo y enseñanza, influyen en la percepción de lo correcto y lo incorrecto. La ética se convierte en una lección silenciosa tejida en el tejido de las interacciones diarias, impactando no solo en el individuo, sino también en la cultura que emerge de estas mentes en formación.

La Escuela como Agente de Socialización:

La escuela se erige como el crisol donde las individualidades se entrelazan con las complejidades sociales. Las interacciones en el patio de recreo, las colaboraciones en proyectos y las experiencias compartidas forman la base de la socialización. Aquí, las mentes jóvenes aprenden no solo a procesar información, sino también a entender su lugar en el entramado social, desarrollando habilidades sociales y una comprensión más profunda de la diversidad.

Aspiraciones y Desarrollo Personal:

La escuela no solo ofrece conocimientos, sino también semillas para el crecimiento personal y las aspiraciones. Las experiencias educativas moldean las percepciones sobre las posibilidades futuras. Profesores y oportunidades educativas pueden desbloquear potenciales latentes, inspirando sueños y forjando caminos hacia el desarrollo personal y profesional.

Impacto Duradero en la Sociedad:

El impacto de la escuela trasciende la vida individual para

dejar una huella duradera en la sociedad. Los individuos educados en un entorno que fomenta el pensamiento crítico, la empatía y la comprensión se convierten en los pilares de comunidades más fuertes y progresistas. Así, la escuela se convierte en la arquitecta no solo de mentes individuales, sino de la construcción colectiva del futuro.

En resumen, la escuela se revela como un agente trascendental, dando forma no solo al intelecto, sino también a los valores, la ética y el tejido social. Cada lección, cada interacción, construye el edificio mental que define no solo a individuos, sino a la sociedad en su conjunto. La trascendencia de la escuela y su impacto en las mentes no puede subestimarse; es la chispa que enciende la llama de la evolución y el progreso a lo largo de las generaciones.

Capítulo 8

La Escuela como Arquitecta de Mentes: Explorando el Impacto trascendental

La escuela, ese templo del saber donde las mentes jóvenes son esculpidas y moldeadas, no solo enseña materias académicas, sino que también actúa como arquitecta de mentes. Su impacto trascendental en la sociedad es innegable y su rol va más allá de transmitir conocimientos; influye en la formación de ciudadanos críticos, creativos y conscientes.

Desde una perspectiva crítica, es necesario cuestionar cómo la escuela ejerce su papel como arquitecta de mentes. ¿Está diseñada para fomentar la curiosidad y el pensamiento crítico, o simplemente reproduce modelos establecidos? ¿Promueve la diversidad de ideas y perspectivas, o impone una única forma de pensar? Estas son preguntas esenciales que nos llevan a reflexionar sobre la calidad y la efectividad de la educación que ofrecen las instituciones escolares.

La escuela como arquitecta de mentes no solo se limita a impartir conocimientos académicos, sino que también construye valores, actitudes y habilidades que impactarán en el desarrollo personal y social de los estudiantes. ¿Se les enseña a ser empáticos, a colaborar, a resolver conflictos de manera pacífica? Estas competencias son fundamentales para el bienestar individual y colectivo, pero no siempre reciben la atención necesaria en los planes de estudio.

Explorar el impacto trascendental de la escuela implica reconocer su capacidad para transformar vidas. Para muchos, la educación es la puerta de entrada a un futuro mejor, una oportunidad para romper con el ciclo de la pobreza y la desigualdad. Sin embargo, este potencial transformador solo se realiza plenamente cuando la escuela logra adaptarse a las necesidades individuales de cada estudiante, reconociendo sus talentos y motivaciones únicas.

En este sentido, la crítica hacia el sistema educativo tradicional es válida y necesaria. ¿Está la escuela preparando a los estudiantes para afrontar los desafíos del siglo XXI, o se aferra a métodos obsoletos que no responden a las demandas de una sociedad en constante cambio? La tecnología, la globalización y los nuevos paradigmas laborales exigen una redefinición de la educación, una que fomente la creatividad, la adaptabilidad y el pensamiento innovador. Sin embargo, la tarea de transformar la escuela no recae únicamente en los sistemas educativos, sino también en la sociedad en su conjunto. Padres, docentes, comunidades y gobiernos tienen un papel fundamental en la construcción de un entorno educativo que sea verdaderamente inclusivo, equitativo y relevante.

En última instancia, la escuela como arquitecta de mentes debe ser un espacio donde se celebre la diversidad, donde se fomente la exploración y el descubrimiento, donde se promueva el pensamiento crítico y la empatía. Solo así podremos asegurar que el impacto trascendental de la educación se traduzca en un mundo más justo, más humano y más prometedor para las generaciones futuras.

La crítica hacia la escuela como constructora de mentes comunes y la dificultad para fomentar la brillantez intelectual es un tema complejo que merece un análisis detallado. En muchos sistemas educativos, la tendencia hacia la uniformidad y la estandarización ha llevado a la formación de individuos que se ajustan a un molde predefinido, en lugar de fomentar la singularidad y la excelencia.

Una de las principales críticas hacia esta forma de educación es su enfoque excesivo en la memorización y la repetición de información, en detrimento del pensamiento crítico y la creatividad. Los estudiantes son evaluados principalmente por su capacidad para recordar hechos y conceptos, en lugar de por su capacidad para analizar, sintetizar y aplicar conocimientos de manera innovadora. Esto limita el desarrollo de mentes verdaderamente brillantes, que son capaces de cuestionar el status quo, proponer soluciones originales y generar ideas disruptivas.

Además, la rigidez del currículo escolar y la falta de flexibilidad en los métodos de enseñanza pueden inhibir el potencial creativo de los estudiantes. Muchas veces, se privilegian las asignaturas tradicionales como matemáticas y ciencias, en detrimento de áreas como las artes, la filosofía o la creatividad. Esto reduce las oportunidades para que los estudiantes exploren y desarrollen sus talentos individuales, limitando así la diversidad de mentes brillantes que pueden surgir del sistema educativo. Otro aspecto crítico es la falta de atención a la educación emocional y el bienestar mental de los estudiantes. El énfasis en el rendimiento académico a menudo genera altos niveles de estrés, ansiedad y baja autoestima entre los estudiantes, lo que puede obstaculizar su capacidad para desarrollar su potencial intelectual. Una verdadera educación integral debería incluir el desarrollo de habilidades socioemocionales que les permitan a los estudiantes manejar el estrés, cultivar la resiliencia y mantener un equilibrio saludable entre la vida académica y personal.

Además, la escuela como constructora de mentes comunes a menudo perpetúa las desigualdades sociales y económicas existentes en la sociedad. Las brechas de acceso a recursos educativos de calidad, la discriminación racial, de género o socioeconómica, y la falta de oportunidades para los estudiantes de comunidades marginadas, limitan la diversidad de perspectivas y experiencias en el aula, lo que a su vez reduce las posibilidades de que surjan mentes brillantes de estos entornos.

Para superar estas limitaciones, es necesario repensar radicalmente el modelo educativo actual. Se requiere un enfoque más centrado en el desarrollo integral de los estudiantes, que valore la diversidad de habilidades, talentos y formas de pensar. Esto implica una mayor autonomía y flexibilidad en el currículo, así como una atención prioritaria a la educación emocional y el bienestar mental. Además, se necesitan políticas educativas que promuevan la equidad y la inclusión, garantizando que todos los estudiantes tengan acceso a oportunidades educativas de calidad, independientemente de su origen socioeconómico o cultural. En resumen, la crítica hacia la escuela como constructora de mentes comunes y la dificultad para fomentar la brillantez intelectual pone de relieve la necesidad de transformar el sistema educativo para que realmente cumpla con su objetivo de desarrollar el potencial humano en toda su diversidad y complejidad. Solo así podremos cultivar mentes verdaderamente brillantes que contribuyan al progreso y la innovación en todos los ámbitos de la sociedad.

La crítica hacia la escuela a partir de ejemplos como Albert Einstein y Thomas Edison es una perspectiva interesante que nos lleva a reflexionar sobre las limitaciones del sistema educativo tradicional en el desarrollo de mentes brillantes y creativas. Tanto Einstein como Edison fueron figuras icónicas cuyas contribuciones revolucionaron el mundo de la ciencia y la tecnología, pero su relación con la escuela fue compleja y, en muchos casos, conflictiva.

Albert Einstein, uno de los mayores genios de la física, es conocido por su desinterés y desafío hacia la autoridad académica desde una edad temprana. Su estilo de aprendizaje autodidacta y su tendencia a cuestionar las convenciones establecidas lo llevaron a chocar con el sistema educativo formal. En su juventud, fue considerado un estudiante problemático y poco convencional, lo que le valió dificultades en el ámbito escolar. Sin embargo, su curiosidad insaciable y su capacidad para pensar de manera abstracta y creativa lo llevaron a desarrollar teorías revolucionarias que transformaron nuestra comprensión del universo.

Por otro lado, Thomas Edison, el prolífico inventor y empresario, también tuvo una experiencia educativa que no se ajustaba al molde tradicional. Desde una edad temprana, mostró un interés innato por la experimentación y la innovación, pero encontró poco estímulo en el entorno escolar convencional. Edison abandonó la escuela formal a los doce años y continuó su educación de manera autodidacta, dedicando horas interminables a la lectura y la experimentación en su laboratorio improvisado. Su rechazo a las estructuras educativas establecidas no fue obstáculo para convertirse en uno de los inventores más prolíficos de la historia, con más de mil patentes registradas a su nombre.

Estos ejemplos destacan una crítica fundamental hacia la escuela: su incapacidad para reconocer y fomentar el potencial individual de cada estudiante. Tanto Einstein como Edison fueron personas que desafiaron las normas y convenciones de su tiempo, pero su brillantez no fue reconocida ni cultivada por el sistema educativo tradicional. En lugar de adaptarse a sus necesidades y estilos de aprendizaje únicos, fueron marginados o subestimados por sus maestros y compañeros de clase.

Esta falta de flexibilidad y apertura a la diversidad de talentos y formas de pensar es una de las principales limitaciones del sistema educativo actual. Demasiado a menudo, se privilegia la conformidad y la memorización sobre la creatividad y el pensamiento crítico, lo que desalienta a los estudiantes que no encajan en el molde preestablecido. Como resultado, muchas mentes brillantes pueden pasar desapercibidas o, peor aún, ser reprimidas por un sistema que no sabe cómo nutrir su potencial. En última instancia, la crítica hacia la escuela basada en las experiencias de figuras como Einstein y Edison nos invita a repensar radicalmente el enfoque educativo actual. Necesitamos un sistema que valore y fomente la diversidad de talentos, que promueva la creatividad y el pensamiento crítico, y que esté abierto a nuevas formas de aprender y enseñar. Solo así podremos asegurar que todas las mentes brillantes tengan la oportunidad de florecer y contribuir al progreso y la innovación en nuestra sociedad. Muchas cosas hace la escuela que pueden ayudar o limitar la mente de los alumnos por ejemplo la atención desigual hacia los alumnos con barreras de aprendizaje en comparación con los superdotados puede deberse a una serie de factores, tanto en el ámbito educativo como en la sociedad en general.

Enfoque en las necesidades especiales: Las escuelas a menudo priorizan la atención a los alumnos con necesidades especiales, como aquellos con discapacidades físicas o de aprendizaje, debido a las leyes de educación inclusiva y los programas de apoyo diseñados para garantizar que todos los estudiantes tengan acceso a una educación de calidad. Esto puede llevar a una asignación desproporcionada de recursos y atención a estos alumnos en comparación con los superdotados, cuyas necesidades pueden pasar desapercibidas o no ser consideradas prioritarias. Estigma social: Existe un estigma social asociado con la idea de ser superdotado, que puede llevar a que estos alumnos sea pasados por alto o estigmatizados en el entorno escolar. La sociedad tiende a enfocarse más en las necesidades de aquellos que requieren apoyo adicional, mientras que los superdotados a menudo son percibidos como capaces de manejar solos sus desafíos educativos.

Falta de comprensión y capacitación: Los educadores pueden carecer de comprensión y capacitación en cómo identificar y apoyar adecuadamente a los alumnos superdotados en el aula. La falta de conciencia sobre las características y necesidades específicas de estos estudiantes puede llevar a que sus habilidades no sean reconocidas ni desarrolladas de manera adecuada.

Presión por el rendimiento: En un sistema educativo que valora en gran medida los resultados académicos y las calificaciones, los alumnos superdotados a menudo se ven presionados para rendir al máximo de sus capacidades sin recibir el apoyo necesario para enfrentar desafíos únicos, como el aburrimiento en el aula o la falta de oportunidades de enriquecimiento académico. Recursos limitados: Las escuelas a menudo enfrentan limitaciones en recursos humanos y financieros que pueden dificultar la implementación de programas específicos para atender las necesidades de los alumnos superdotados. Esto puede resultar en una falta de programas de enriquecimiento académico, asesoramiento especializado o adaptaciones curriculares que podrían beneficiar a estos estudiantes.

En última instancia, abordar la desigualdad en la atención hacia los alumnos con barreras de aprendizaje y los superdotados requiere un cambio en la cultura escolar y una mayor conciencia sobre las necesidades y potenciales de todos los estudiantes. Esto incluye proporcionar capacitación adecuada a los educadores, promover una mayor sensibilización sobre las diferencias individuales en el aula y asignar recursos adecuados para satisfacer las necesidades de todos los estudiantes, independientemente de sus habilidades o desafíos específicos.

Capítulo 9

Cómo moldea la escuela a la mente de las masas

La educación es una herramienta poderosa que puede llegar a moldear la mente de las masas de una sociedad. La escuela, como institución encargada de impartir conocimientos y valores, juega un papel fundamental en la formación de las mentalidades de sus estudiantes. Sin embargo, es importante considerar cómo esta influencia puede afectar la diversidad de pensamiento y la capacidad crítica de las personas.

En primer lugar, la escuela moldea la mente de las masas a través del currículum escolar. El contenido y los temas que se enseñan en las aulas pueden influir en la forma en que los estudiantes ven el mundo y se relacionan con él. Por ejemplo, si el currículum se centra únicamente en la historia y los logros de un grupo específico de personas, se corre el riesgo de perpetuar prejuicios y estereotipos en la mente de los estudiantes. Por otro lado, si se incluyen perspectivas diversas y se fomenta el pensamiento crítico, se puede abrir la mente de las masas a la diversidad de puntos de vista y experiencias.

Además, la escuela moldea la mente de las masas a través de la transmisión de valores y normas sociales. Desde una edad temprana, los estudiantes aprenden qué comportamientos son aceptables y cuáles no lo son, así como cuáles son los valores que la sociedad valora más. Estas enseñanzas pueden tener un impacto profundo en la forma en que las personas se relacionan entre sí y con el mundo que las rodea. Por ejemplo, si la escuela promueve la competencia desmedida y el individualismo, es probable que los estudiantes crezcan con una mentalidad egoísta y poco solidaria. Por el contrario, si se fomenta la colaboración y la empatía, es más probable que las personas se conviertan en ciudadanos comprometidos y solidarios.

Sin embargo, a pesar de los beneficios que puede tener la educación en la formación de las mentalidades de las masas, es importante también reconocer sus limitaciones. La escuela, al ser una institución con una estructura jerárquica y unos objetivos claros, puede limitar la libertad de pensamiento y la creatividad de los estudiantes. En un sistema educativo rígido y estandarizado, es difícil fomentar la originalidad y la capacidad crítica, ya que se premia más la memorización de datos que la reflexión y el análisis profundo de los problemas.

En conclusión, la escuela tiene un poderoso efecto en la forma en que las masas ven el mundo y se relacionan con él. A través del currículum escolar, la transmisión de valores y normas sociales, y la estructura de la propia institución educativa, la escuela moldea la mente de las personas y puede influir en la forma en que se comportan y piensan. Sin embargo, es importante tener en cuenta las limitaciones de este proceso y trabajar para fomentar la diversidad de pensamiento y la capacidad crítica en los estudiantes, a fin de promover una sociedad más inclusiva y justa.

La Escuela como Alfarera de Mentes: Un Impacto Emotivo en las Masas

En la sinfonía de la sociedad, la escuela emerge como la directora que moldea las mentes de las masas, dejando una impronta duradera en el tapiz de la colectividad. Este ensayo explora con profundidad y emotividad cómo la escuela, más allá de la transmisión de conocimientos, se convierte en la fuerza transformadora que da forma a la conciencia, los valores y las aspiraciones de las masas.

El Poder de la Educación:

La escuela, como crisol de conocimiento, detenta el poder de abrir las puertas de la percepción y expandir los horizontes de la mente. Cada aula es un campo de posibilidades donde las semillas del aprendizaje germinan, cultivando no solo hechos y teorías, sino también la capacidad de pensar críticamente. En este escenario, la educación se convierte en el puente que conecta a individuos de diversas experiencias, construyendo una conciencia colectiva basada en la comprensión y el respeto mutuo.

Modelando Valores y Emociones:

La escuela no solo transmite lecciones en las páginas de los libros, sino que también esculpe los valores y las emociones que dan forma a la identidad colectiva. Los profesores, con sus gestos, palabras y ejemplos, tejen la ética en el tejido de la sociedad en formación. Aquí, las emociones se entrelazan con las lecciones, creando una red de empatía y comprensión que se extiende más allá de las aulas hacia la totalidad de la sociedad.

Socialización y Conexión Humana:

En las escuelas, se forjan amistades y se construyen conexiones humanas que trascienden las diferencias superficiales. Los patios de recreo y las aulas se convierten en laboratorios sociales, donde se aprenden habilidades vitales para la convivencia. La diversidad de experiencias y antecedentes enriquece la comprensión colectiva, construyendo un tejido social resistente y compasivo.

Aspiraciones Compartidas:

La escuela sirve como un semillero de aspiraciones compartidas. Cada individuo, al pasar por este crisol educativo, lleva consigo no solo conocimientos, sino también sueños y esperanzas compartidos con sus compañeros de clase. Las aulas se convierten en espacios donde las aspiraciones personales se entrelazan con un tapiz colectivo de metas y visiones para el futuro.

El Legado de una Sociedad Educada:

El impacto de la escuela en las masas va más allá del

presente; es un legado que se transmite de generación en generación. Una sociedad educada y consciente construye un legado duradero de ciudadanos informados, éticos y comprometidos. Cada mente educada se convierte en un faro que ilumina el camino hacia un futuro más prometedor y justo.

En conclusión, la escuela se revela como el alfarero de mentes masivas, dejando una marca indeleble en la conciencia colectiva. Más allá de la acumulación de conocimientos, es la forja de conexiones, valores y aspiraciones que unen a las masas en una danza sinfónica de progreso y solidaridad. La trascendencia emocional de este impacto no solo se siente en el aula, sino que resuena en el alma misma de la sociedad.

Capítulo 10

El conocimiento expulsado de la escuela

El conocimiento expulsado de la escuela cuando se cree en verdades absolutas. La educación es un pilar fundamental en el desarrollo de cualquier sociedad. A través de ella, las personas adquieren conocimientos, habilidades y valores que les permiten desenvolverse de manera adecuada en el mundo. Sin embargo, en ocasiones, la educación puede convertirse en una herramienta de adoctrinamiento que limita la capacidad de pensar de forma crítica y creativa.

Uno de los principales problemas que puede surgir en el ámbito educativo es la creencia en verdades absolutas. Cuando se cree que ciertos conceptos son inmutables y no pueden ser cuestionados, se corre el riesgo de expulsar el conocimiento de la escuela. Esto se debe a que la educación se convierte en un proceso de memorización y repetición de información, en lugar de fomentar la capacidad de análisis y reflexión. Las verdades absolutas son obstáculos para el pensamiento crítico, ya que limitan la posibilidad de cuestionar y explorar nuevas ideas. Los alumnos se convierten en receptores pasivos de conocimiento, en lugar de ser agentes activos en la construcción de su propio aprendizaje. En este sentido, la educación se convierte en un proceso alienante que no permite el desarrollo integral de las personas. Además, la creencia en verdades absolutas puede llevar a la intolerancia y al dogmatismo. Cuando se impone un único punto de vista como verdad indiscutible, se excluyen otras perspectivas y se limita la diversidad de pensamiento. Esto puede favorecer la aparición de conflictos y divisiones en la sociedad, en lugar de promover el diálogo y la convivencia pacífica.

Por otro lado, la educación basada en verdades absolutas puede ser obsoleta y anacrónica. El conocimiento se encuentra en constante evolución y cambio, por lo que es necesario cuestionar y revisar continuamente las ideas preestablecidas. La rigidez en las creencias puede impedir la adaptación a los nuevos retos y desafíos que se presentan en la actualidad. En conclusión, la creencia en verdades absolutas puede expulsar el conocimiento de la escuela al limitar la capacidad de pensar de forma crítica y creativa.

Es fundamental fomentar un ambiente educativo que promueva la diversidad de pensamiento, el diálogo y la reflexión constante. Solo así se podrá formar ciudadanos capaces de enfrentar los retos del mundo actual de manera responsable y proactiva.

Alerta Educativa: El Peligro de un Conocimiento Estancado en las aulas

En el escenario educativo actual, surge una preocupación urgente que requiere nuestra atención y reflexión crítica: el conocimiento expulsado de la escuela debido a la falta de cuestionamiento de los libros y la adhesión a dogmas absolutos. Este librose plantea la alarma sobre el riesgo inherente a una educación que no promueve la indagación y la evaluación constante, sino que se aferra a conocimientos estáticos que pueden limitar la mente y la evolución de las generaciones futuras.

El Estigma de la Inmovilidad Intelectual:

La ausencia de cuestionamiento en las aulas crea un entorno donde el conocimiento se convierte en un monumento inmutable, ajeno a la crítica y la actualización. Esta estigmatización de la inmovilidad intelectual obstaculiza la capacidad de los estudiantes para cuestionar, explorar y adaptar sus percepciones según nuevas evidencias o perspectivas emergentes.

Libros como Leyes Inquebrantables:
La falta de cuestionamiento de los libros de texto convierte estos recursos en leyes inquebrantables, despojando a los estudiantes de la oportunidad de desarrollar habilidades críticas y el pensamiento independiente. La educación no debería ser un acto de memorización pasiva, sino un proceso dinámico que nutre la capacidad de analizar, cuestionar y redefinir conocimientos.

Estancamiento de la Creatividad y la Innovación:
Cuando el conocimiento se presenta como una verdad inalterable, se corre el riesgo de sofocar la creatividad y la innovación. Los estudiantes, en lugar de ser alentados a desafiar y construir sobre lo existente, pueden caer en la complacencia, limitando así el potencial de avances significativos en diversas disciplinas.

El Riesgo de una Educación Desconectada de la Realidad:

La falta de cuestionamiento puede llevar a una desconexión peligrosa entre el conocimiento transmitido y la realidad en constante evolución. La educación debe reflejar y adaptarse a los cambios en la sociedad, la ciencia y la cultura. Una educación estática corre el riesgo de volverse obsoleta, dejando a los estudiantes mal equipados para enfrentar los desafíos de un mundo dinámico.

Fomentando la Desconfianza en el Aprendizaje: Cuando se prohíbe el cuestionamiento y la exploración de diferentes perspectivas, se fomenta la desconfianza en el proceso de aprendizaje. Los estudiantes deben ser alentados a buscar respuestas, a desafiar suposiciones y a participar en un diálogo crítico que nutra su capacidad para discernir y analizar información de manera informada.

El Camino hacia una Educación Renovada: La solución radica en una educación que abrace el cuestionamiento, la investigación y la adaptabilidad. Los libros de texto deben ser considerados como guías, no como verdades inquebrantables. Los docentes tienen la responsabilidad de fomentar un entorno de aprendizaje que anime a los estudiantes a desafiar y cuestionar, creando así mentes activas y pensadores independientes. En conclusión, la alerta sobre el conocimiento expulsado de la escuela es un llamado a la acción. Es imperativo cultivar un ambiente educativo donde el cuestionamiento y la revisión constante sean elementos centrales. Solo a través de la apertura a nuevas ideas y la capacidad de desafiar conocimientos establecidos, podemos garantizar que la educación cumpla su función de preparar mentes críticas y adaptativas para el futuro.

Capítulo 11

Los males sociales se reproducen en la escuela

La escuela es considerada tradicionalmente como un lugar donde los conocimientos académicos y habilidades se transmiten a las generaciones más jóvenes. Sin embargo, es importante reconocer que la escuela también es un reflejo de la sociedad en la que se encuentra. Esto significa que, al igual que en la sociedad en general, los males sociales se reproducen en la escuela.

Uno de los males sociales más evidentes que se reproduce en la escuela es la desigualdad socioeconómica. En muchos países, las escuelas públicas cuentan con recursos y financiamiento limitados, lo que resulta en una brecha educativa entre las escuelas de bajos ingresos y las de altos ingresos. Esta desigualdad se refleja en la calidad de la educación, las instalaciones y los recursos disponibles para los estudiantes. Como resultado, los estudiantes de familias de bajos ingresos tienen menos oportunidades de éxito académico que aquellos de familias de altos ingresos.

Otro de los males sociales que se reproducen en la escuela es la discriminación y el acoso. Los estudiantes que son percibidos como diferentes por su raza, género, orientación sexual o habilidades, pueden enfrentar discriminación y acoso por parte de sus compañeros de clase. Este comportamiento discriminatorio puede tener un impacto negativo en la autoestima y el bienestar emocional de los estudiantes, así como en su desempeño académico.

Además, en la escuela también se reproducen la violencia y el bullying. Los estudiantes que son víctimas de bullying pueden experimentar daños emocionales y físicos, lo que afecta su capacidad para aprender y socializar de manera saludable. La violencia en la escuela también puede manifestarse en conflictos entre estudiantes, profesores y personal administrativo, lo que crea un ambiente poco seguro y hostil para todos los involucrados.

En resumen, la escuela no es inmune a los males sociales que existen en la sociedad. Es importante reconocer que, al igual que en la sociedad en general, la desigualdad socioeconómica, la discriminación, el acoso y la violencia también se reproducen en la escuela. Para abordar estos problemas, es fundamental implementar políticas y programas educativos que promuevan la equidad, la inclusión y el respeto mutuo en el entorno escolar. Solo así podremos garantizar que la escuela sea un lugar seguro y acogedor para todos los estudiantes, donde puedan desarrollar su máximo potencial académico y personal.

Males Sociales Reproducidos en la Escuela: Un Llamado Urgente a la reflexión y acción

En el corazón mismo de la sociedad, la escuela se erige como un microcosmos que refleja tanto los ideales como los males que aquejan a nuestro tejido social. Este ensayo busca arrojar luz sobre los males sociales que se reproducen en las aulas, instando a una reflexión crítica y a la acción inmediata para abordar estos problemas que afectan a las generaciones presentes y futuras.

Desigualdades que Perduran:
La escuela, en lugar de ser un igualador social, a menudo se convierte en un amplificador de desigualdades. Las disparidades económicas y sociales encuentran eco en la educación, donde la falta de recursos, acceso y oportunidades crea brechas insalvables. La reproducción de estas desigualdades en las aulas plantea un desafío directo a la noción de una sociedad justa y equitativa.

Violencia Silenciosa del Bullying:

Las aulas son testigos de una violencia silenciosa que deja cicatrices invisibles en la mente de los estudiantes: el bullying. Esta manifestación de poder desequilibrado no solo afecta el bienestar emocional de las víctimas, sino que también crea un ambiente tóxico que perpetúa la aceptación de la agresión como una parte inherente de la vida escolar.

La Presión del Rendimiento:

La competencia feroz y la obsesión por el rendimiento académico han convertido las aulas en campos de batalla, donde los estudiantes luchan no solo por aprender, sino también por destacar en comparación con sus compañeros. Este ambiente de presión constante no solo afecta la salud mental de los estudiantes, sino que también socava el propósito fundamental de la educación: el amor por el aprendizaje y el desarrollo personal.

Discriminación y Estigmatización:

A pesar de los esfuerzos por promover la diversidad, la discriminación y la estigmatización persisten en las escuelas.

La intolerancia hacia diferencias de género, raza, orientación sexual o habilidades crea un terreno fértil para la exclusión y la formación de sociedades fragmentadas que perpetúan prejuicios nocivos.

Falta de Preparación para el Mundo Real:

La educación debería ser un trampolín hacia la vida adulta, equipando a los estudiantes con habilidades esenciales para enfrentar desafíos del mundo real. Sin embargo, las deficiencias en los planes de estudio a menudo dejan a los graduados desarmados frente a las complejidades de la vida, perpetuando la brecha entre el conocimiento académico y las habilidades prácticas necesarias para prosperar en la sociedad.

El Llamado a la Acción:

Este cuadro crítico de los males sociales reproducidos en la escuela es un llamado urgente a la acción. La reflexión sobre estos problemas debe ir más allá de la mera conciencia y traducirse en medidas concretas. La implementación de programas anti-bullying, la revisión de prácticas de evaluación y el diseño de estrategias educativas inclusivas son solo algunos pasos esenciales hacia una transformación real.

En conclusión, el reconocimiento de los males sociales que se reproducen en la escuela exige una respuesta colectiva y comprometida. La educación debe ser un catalizador para el cambio positivo, no una fábrica que perpetúe los males sociales. Solo a través de la acción conjunta y la firme determinación de abordar estos problemas, podemos garantizar que las aulas se conviertan en verdaderos lugares de aprendizaje, crecimiento y preparación para un futuro más justo y equitativo.

Capítulo 12
La Declinación de la Lectura: Un Desencanto con las Páginas y un alejamiento de la Sabiduría.

En la era de la información digital, se observa con pesar una tendencia desalentadora: los jóvenes, cada vez más, se distancian de la práctica de la lectura, convirtiéndola en una tarea mecánica y despojada de la esencia transformadora que debería ofrecer. Este capítulo explora el creciente desinterés hacia los libros entre los jóvenes, señalando cómo, lejos de convertirse en intelectuales, muchos leen por obligación, erosionando la riqueza de la experiencia literaria y socavando las bases de una sociedad informada y crítica.

De la Exploración a la Obligación: En una era que ofrece un vasto tesoro de información al alcance de un clic, la lectura, en lugar de ser una exploración apasionada, se convierte en una tarea forzada. Los jóvenes, en lugar de sumergirse en la maravilla de nuevos mundos y perspectivas, leen por obligación, disminuyendo la riqueza de la experiencia literaria a una simple tarea cumplida.

La Lectura como Deber y no Como Placer: La transformación de la lectura en una obligación académica más que en una fuente de deleite y crecimiento personal es una señal alarmante. En lugar de nutrir la curiosidad innata y fomentar el amor por la literatura, la percepción de la lectura como una carga contribuye a la creación de una generación que ve los libros como enemigos, no como aliados en su viaje intelectual.

Desconexión con la Profundidad de la Literatura: La lectura por obligación lleva consigo el peligro de una desconexión con la profundidad y la riqueza de la literatura. La simple búsqueda de información para cumplir con requisitos académicos no permite la inmersión en los matices y complejidades que los grandes autores ofrecen. Así, se desvanecen las oportunidades de desarrollar la empatía, la perspicacia y la comprensión a través de la palabra escrita. Impacto en la Formación del Pensamiento Crítico: La pérdida del placer en la lectura tiene consecuencias directas en el desarrollo del pensamiento crítico. Los jóvenes que leen por obligación tienden a consumir información de manera superficial, priorizando la cantidad sobre la calidad. La habilidad de analizar, cuestionar y reflexionar se ve mermada, contribuyendo a la formación de mentes que carecen de la agudeza crítica necesaria para navegar un mundo complejo.

El Riesgo de una Sociedad Superficial:

Si la lectura se convierte en un acto meramente obligatorio, sin amor por la exploración y la contemplación, existe un riesgo significativo para el tejido mismo de la sociedad. Una generación que lee por necesidad y no por deseo está en riesgo de perder la conexión con las raíces profundas de la sabiduría y la comprensión humana, dando paso a una cultura superficial y desprovista de la riqueza que solo los libros pueden ofrecer.

El Llamado a la Restauración del Placer de la Lectura:
Ante esta preocupante declinación en la relación de los jóvenes con la lectura, surge un llamado urgente a la restauración del placer de sumergirse en las páginas. La educación y la sociedad deben trabajar en conjunto para reavivar la pasión por la lectura, desafiando la noción de que los libros son meramente un deber académico. Solo al

reconectar a los jóvenes con el placer intrínseco de la lectura, podemos esperar preservar y enriquecer la experiencia literaria para las generaciones venideras.

En resumen, la lectura, lejos de ser una exploración enriquecedora, se ha convertido en una tarea despojada de su encanto original. La obligación académica ha erosionado el placer y la profundidad que la literatura puede ofrecer. Este desencanto con las páginas lleva consigo el riesgo de criar una generación desconectada de la riqueza que solo los libros pueden proporcionar, perpetuando una cultura donde la lectura se ve más como un deber que como un deleite transformador.

Desafiando la Uniformidad Mental: Respuestas Críticas y Contramedidas Educativas

En el enfrentamiento con la amenaza de la uniformidad mental, respuestas críticas y contramedidas educativas emergen como faros de esperanza. Este ensayo explorará ejemplos inspiradores de cómo comunidades y pensadores han respondido de manera crítica a proyectos que amenazan la diversidad de pensamiento. Además, examinaremos estrategias para contrarrestar la influencia de la uniformidad mental y fomentar una educación que celebre la pluralidad de perspectivas.

Promoción de la Educación Crítica:

Una respuesta clave a la uniformidad mental es la promoción de la educación crítica. Comunidades y educadores comprometidos han desarrollado iniciativas para fomentar habilidades de pensamiento crítico desde una edad temprana. Integrar el cuestionamiento, el análisis y la reflexión en el currículo educativo no solo desafía la uniformidad mental, sino que también empodera a los estudiantes para ser pensadores independientes y ciudadanos activos.

Inclusión de Perspectivas Locales y Diversidad Cultural:

Contrarrestar la uniformidad mental implica una valiente inclusión de perspectivas locales y diversidad cultural en la educación. Ejemplos inspiradores provienen de comunidades que han adaptado el currículo para reflejar su realidad única. Esto no solo enriquece la experiencia educativa, sino que también desafía la narrativa única impuesta por proyectos que buscan homogeneizar el conocimiento.

Participación Activa de la Comunidad Educativa:

Una respuesta efectiva es la participación activa de la comunidad educativa en la toma de decisiones. Comunidades que se involucran en el diseño del currículo, la selección de materiales y la evaluación de programas educativos pueden contrarrestar la influencia de proyectos que buscan imponer una narrativa única. La diversidad de voces enriquece el proceso educativo y protege contra la uniformidad mental.

Enfoque en Habilidades Transversales:

La promoción de habilidades transversales, como el pensamiento crítico, la creatividad y la resolución de problemas, es otra estrategia valiosa. Comunidades y educadores comprometidos han reconocido que una educación centrada únicamente en la transmisión de información no prepara adecuadamente a los estudiantes para enfrentar los desafíos de un mundo diverso y cambiante.

Resistencia a la Estandarización:

Respuestas críticas han surgido en forma de resistencia a la estandarización impuesta por proyectos que buscan uniformar la educación. Movimientos que desafían la imposición de estándares educativos globales, abogando por la autonomía local y la adaptación a las necesidades específicas de cada comunidad, son ejemplos poderosos de resistencia a la uniformidad mental.

Fomento de la Investigación Independiente:

Promover la investigación independiente es otra respuesta crucial. Comunidades y educadores han estimulado la curiosidad y la exploración individual al alentar a los estudiantes a buscar respuestas, cuestionar la información recibida y formar sus propias conclusiones. Este enfoque contrarresta la uniformidad mental al cultivar mentes críticas y autónomas.

Alianzas Globales para la Diversidad Educativa:

La formación de alianzas globales que defienden la diversidad educativa es una respuesta efectiva a la uniformidad mental. Redes internacionales comprometidas con la protección de la pluralidad de perspectivas y la resistencia contra proyectos que buscan imponer una única narrativa contribuyen a la creación de un ecosistema educativo global que valora la diversidad y el pensamiento crítico.

En el desafío contra la uniformidad mental, respuestas críticas y contramedidas educativas actúan como faros que iluminan el camino hacia una educación más inclusiva y diversa. Al promover la educación crítica, abrazar la diversidad cultural, impulsar la participación comunitaria y resistir la estandarización, las comunidades pueden construir un escudo contra la influencia homogeneizadora de ciertos proyectos educativos. La resistencia a la uniformidad mental no solo es posible, sino esencial para cultivar mentes que no solo acumulan conocimientos, sino que también cuestionan, desafían y enriquecen la comprensión del mundo.

Proporciona recomendaciones para promover la educación crítica y diversa. Nutriendo Mentes: Fomentando una Educación Crítica y Diversa para Estudiantes y Maestros

En la búsqueda de una educación que trascienda la conformidad y abrace la diversidad, las recomendaciones emergen como luces orientadoras tanto para estudiantes como para maestros. Este capítulo se profundiza en estrategias para promover una educación crítica y diversa, creando un entorno donde las mentes se cultiven para cuestionar, explorar y apreciar la riqueza de diversas perspectivas.

1. Enriquecimiento del Currículo:

Una recomendación crucial es el enriquecimiento continuo del currículo. Incorporar voces diversas, perspectivas y narrativas culturales en todas las materias amplía los horizontes de los estudiantes. Este enfoque no solo contrarresta la uniformidad, sino que también inculca un sentido de conciencia cultural, fomentando un ambiente donde cada estudiante pueda verse reflejado en la educación que recibe.

2. Prácticas Docentes Inclusivas:

Promover prácticas docentes inclusivas es fundamental. Los maestros deben crear conscientemente un ambiente inclusivo que valore la singularidad de cada estudiante. Fomentar discusiones abiertas, abrazar opiniones variadas y proporcionar plataformas para que los estudiantes compartan sus antecedentes culturales contribuye a un entorno en el aula donde la diversidad se celebra en lugar de ser suprimida.

3. Desarrollo de Habilidades de Pensamiento Crítico:

Un aspecto esencial es el desarrollo intencional de habilidades de pensamiento crítico. Los estudiantes deben estar equipados con las herramientas para cuestionar la información, analizar diferentes puntos de vista y formar

opiniones independientes. Integrar ejercicios de pensamiento crítico, estudios de casos y resolución de problemas del mundo real en el currículo nutre una generación de mentes analíticas listas para navegar por las complejidades de nuestro mundo interconectado.
4. Desarrollo Profesional del Maestro:

Invertir en el desarrollo profesional continuo para los maestros es crucial. Talleres, seminarios y programas de capacitación deben centrarse en equipar a los educadores con las habilidades para fomentar el pensamiento crítico y la diversidad en sus aulas. Cuando los maestros mismos son defensores de una educación diversa, su entusiasmo se convierte en un catalizador para inspirar a los estudiantes a adoptar una mentalidad similar.

5. Diversificación de Recursos de Aprendizaje: Ampliar la gama de recursos de aprendizaje es otra recomendación. Incluir literatura, multimedia y materiales educativos de diversos orígenes culturales asegura que los estudiantes encuentren una amplia variedad de perspectivas. Esto ayuda a desmantelar estereotipos y

prejuicios, fomentando una comprensión más matizada del mundo.

6. Fomentar la Participación Estudiantil:

Involucrar activamente a los estudiantes en el proceso de aprendizaje es esencial. Anímales a explorar temas de interés personal, realizar investigaciones y presentar sus hallazgos. Este enfoque práctico no solo empodera a los estudiantes para que se apropien de su educación, sino que también promueve una cultura de indagación y exploración.

7. Involucramiento Comunitario y Alianzas:

Participar en la comunidad local y establecer alianzas con organizaciones culturales puede mejorar significativamente la diversidad educativa. Oradores invitados, eventos culturales y proyectos colaborativos con miembros de la comunidad llevan experiencias del mundo real al aula, enriqueciendo el viaje educativo tanto para estudiantes como para maestros.

8. Integración de la Tecnología:

Aprovechar la tecnología con fines educativos puede

amplificar el impacto de la educación diversa. Intercambios virtuales, plataformas en línea para proyectos colaborativos y acceso a recursos educativos de todo el mundo pueden derribar barreras geográficas, exponiendo a los estudiantes a un tapiz global de ideas y perspectivas.

9. Evaluación Más Allá de las Pruebas Estandarizadas: Replantear el proceso de evaluación es crítico. Si bien las pruebas estandarizadas tienen su lugar, poner énfasis exclusivo en ellas puede sofocar la creatividad y el pensamiento diverso. Incorporar métodos alternativos de evaluación, como evaluaciones basadas en proyectos, carteras y presentaciones orales, proporciona una comprensión más completa de las capacidades de un estudiante.

10. Cultivar una Mentalidad de Crecimiento: Finalmente, fomentar una mentalidad de crecimiento es clave. Alentar la resiliencia, abrazar los desafíos y promover la idea de que la inteligencia puede desarrollarse con el tiempo inculca en los estudiantes la creencia de que sus habilidades no son fijas. Esta mentalidad cultiva una

disposición a asumir riesgos, explorar perspectivas diversas y aprender continuamente a lo largo de sus vidas.

En el gran tapiz de la educación, las recomendaciones para promover una educación crítica y diversa son hilos que tejen una narrativa de empoderamiento e iluminación. Al enriquecer los currículos, abrazar la inclusividad, desarrollar habilidades de pensamiento crítico y aprovechar la tecnología, los educadores y los estudiantes emprenden un viaje colectivo hacia una experiencia educativa más matizada, interconectada y vibrante. Estas recomendaciones forman la base para un entorno de aprendizaje donde la curiosidad se despierta, las perspectivas se amplían y se siembran las semillas del aprendizaje permanente.

Recapitula los puntos clave discutidos en el capítulo.

Despertar de Mentes Brillantes: Un Viaje Educativo hacia la Diversidad y el Pensamiento Crítico A lo largo de nuestro viaje por el vasto terreno de la educación, hemos explorado cómo la uniformidad mental amenaza con oscurecer el horizonte de mentes creativas y curiosas. Sin embargo, a medida que desentrañamos esta amenaza, emergen destellos de esperanza, estrategias y recomendaciones que actúan como faros luminosos para guiar a estudiantes y maestros hacia un horizonte más amplio y vibrante. Recapitulando Nuestro Viaje Educativo:

1. Enriquecimiento del Currículo:

Iniciamos nuestro viaje con la idea de enriquecer el currículo. Al integrar voces diversas, perspectivas culturales y pensamiento crítico en cada asignatura, creamos un tapiz educativo que refleja la riqueza y diversidad del mundo que nos rodea.

2. Prácticas Docentes Inclusivas:

Destacamos la importancia de prácticas docentes inclusivas, donde la singularidad de cada estudiante se celebra. Abrir espacios para discusiones abiertas, opiniones variadas y compartir experiencias culturales contribuye a la creación de aulas donde la diversidad se convierte en un activo invaluable.

3. Desarrollo de Habilidades de Pensamiento Crítico:

Hemos explorado la necesidad de desarrollar habilidades de pensamiento crítico. Al equipar a los estudiantes con la capacidad de cuestionar, analizar y formar opiniones independientes, les brindamos las herramientas para enfrentar los desafíos del mundo con una mente aguda y reflexiva.

4. Desarrollo Profesional del Maestro:

Hemos enfatizado la importancia de invertir en el desarrollo profesional continuo de los maestros. Maestros capacitados en las artes del fomento del pensamiento crítico y la diversidad actúan como catalizadores inspiradores para una generación de mentes ávidas de conocimiento.

5. Diversificación de Recursos de Aprendizaje: Exploramos la necesidad de diversificar los recursos de aprendizaje. Al incluir literatura, multimedia y materiales educativos de diversas culturas, creamos puentes que conectan a los estudiantes con una gama de perspectivas, derribando barreras y construyendo comprensión.

6. Fomentar la Participación Estudiantil:

Hemos subrayado la importancia de involucrar activamente a los estudiantes en su aprendizaje. Al alentar la exploración, la investigación y la presentación de hallazgos, fomentamos una cultura donde la curiosidad es cultivada y el aprendizaje se convierte en una aventura personal.

7. Involucramiento Comunitario y Alianzas:

Nos sumergimos en el impacto positivo del involucramiento comunitario y las alianzas. La colaboración con la comunidad local y organizaciones culturales enriquece la experiencia educativa, proporcionando a estudiantes y maestros una conexión más profunda con el mundo que les rodea.

8. Integración de la Tecnología:

Hemos explorado el papel transformador de la tecnología en la educación. La integración de herramientas tecnológicas amplía las fronteras del aprendizaje, conectando a estudiantes con perspectivas globales y promoviendo un entendimiento interconectado.

9. Evaluación Más Allá de las Pruebas Estandarizadas:
Hemos cuestionado el paradigma de la evaluación exclusivamente basada en pruebas estandarizadas. La incorporación de métodos alternativos de evaluación, como proyectos y presentaciones, refleja de manera más completa las habilidades y capacidades de los estudiantes.

10. Cultivar una Mentalidad de Crecimiento:
Concluimos nuestro viaje resaltando la importancia de cultivar una mentalidad de crecimiento. Al alentar la resiliencia, la disposición a enfrentar desafíos y la creencia en el desarrollo continuo, creamos un terreno fértil para el florecimiento personal y académico. A medida que reflexionamos sobre este viaje, surge un cuadro inspirador. Hemos trazado un camino donde la educación no es un molde rígido, sino un lienzo vibrante que captura la diversidad, el pensamiento crítico y la búsqueda constante del conocimiento. Cada estrategia, recomendación y reflexión ha sido una piedra angular en la construcción de un entorno educativo donde las mentes no solo adquieren conocimientos, sino que también se convierten en arquitectas de su propio crecimiento.

El despertar de mentes brillantes es un llamado a la acción para estudiantes, maestros, y toda la comunidad educativa. En este viaje, hemos descubierto que la diversidad y el pensamiento crítico no son solo ideales a perseguir, sino cimientos esenciales para construir un futuro donde cada mente pueda brillar con luz propia.

El próximo capítulo de esta travesía educativa espera ser escrito por aquellos que abrazan la diversidad, desafían la uniformidad y cultivan el pensamiento crítico. Que este llamado resuene en las aulas y salas de profesores, inspirando a cada educador y estudiante a ser arquitectos apasionados de un mañana educativo más brillante y esperanzador.

Plantea preguntas para la reflexión y debate.

Preguntas para la Reflexión y Debate: Cerrando el Capítulo del Libro Anterior.

1. ¿Cómo podríamos adaptar las estrategias discutidas para promover la educación crítica y diversa a entornos educativos específicos, considerando las diferencias culturales y regionales?

2. En tu experiencia, ¿cuál de las recomendaciones presentadas ha demostrado ser más efectiva para fomentar el pensamiento crítico y la diversidad en el aula? ¿Por qué?

3. ¿Cómo crees que podríamos abordar los desafíos prácticos para implementar estas estrategias, como la falta de recursos, resistencia institucional o limitaciones tecnológicas?

4. ¿Cuál es el papel de los padres y la comunidad en el impulso de una educación más diversa y orientada al pensamiento crítico? ¿Cómo podríamos involucrarlos de manera más efectiva en este proceso?

5. En el contexto de la evaluación educativa, ¿cómo podríamos equilibrar la necesidad de medir el progreso de los estudiantes con la búsqueda de métodos de evaluación más inclusivos y representativos de sus habilidades?

6. ¿Qué barreras crees que podrían existir para la aplicación de una mentalidad de crecimiento en los estudiantes y cómo podríamos superarlas?

7. ¿Cómo podemos asegurar que las estrategias propuestas no solo se limiten a ciertos grupos de estudiantes

privilegiados, sino que lleguen a todas las comunidades, independientemente de su ubicación geográfica o recursos económicos?

8. En tu opinión, ¿cómo podríamos medir el éxito de una educación que fomente el pensamiento crítico y celebre la diversidad? ¿Cuáles serían los indicadores clave?

9.   Qué desafíos y oportunidades ves en la integración de la tecnología en la educación para promover la diversidad y el pensamiento crítico?

10.   ¿Cómo visualizas el futuro de la educación basado en los principios de diversidad y pensamiento crítico? ¿Qué cambios significativos podríamos ver en las aulas y en los métodos educativos?

Estas preguntas están diseñadas para fomentar la reflexión crítica y el debate constructivo sobre el tema de la diversidad y el pensamiento crítico en la educación.

Al abordar estas cuestiones, podemos avanzar hacia un diálogo significativo que inspire acciones concretas para transformar la educación y nutrir mentes brillantes en todo el mundo.

Examinando el papel de la educación en la formación de creencias y perspectivas. Descubriendo Horizontes: El Impacto Transformador de la Educación en la Configuración de Creencias y Perspectivas

En el viaje intrincado de la vida, la educación emerge como un faro que no solo ilumina la mente con conocimientos, sino que también moldea las creencias y perspectivas que definen nuestra esencia. Este ensayo se sumerge en la fascinante travesía de cómo la educación, más allá de ser un simple transmisor de información, se convierte en el forjador de nuestra comprensión del mundo y de nosotros mismos.

La educación, en su esencia más profunda, es un viaje de autodescubrimiento y expansión mental. No es solo el proceso de acumular hechos y teorías, sino un sendero que nos lleva a cuestionar, explorar y, en última instancia, a formar nuestras propias verdades. Las creencias, arraigadas en la base de la educación, son los cimientos sobre los cuales construimos nuestra comprensión del mundo y de nuestro lugar en él.

Las aulas no son solo espacios físicos donde se imparte conocimiento; son crisoles donde se forjan y se desafían las creencias arraigadas. La diversidad de perspectivas que encuentran su hogar en el aula se convierte en un caleidoscopio que amplía nuestra visión, desafiando las concepciones preestablecidas y fomentando la apertura mental. La educación, entonces, se convierte en un catalizador para la expansión de nuestras mentes, llevándonos más allá de las fronteras de lo conocido hacia los vastos territorios de lo posible. Las creencias y perspectivas formadas a través de la educación no solo afectan la manera en que interpretamos el mundo, sino que también influyen en nuestras interacciones y decisiones diarias. Un currículo que promueve la empatía y la comprensión, por ejemplo, puede ser el cimiento de una sociedad más compasiva y cohesionada. Asimismo, una educación que fomente la innovación y el pensamiento crítico puede ser el motor que impulsa avances significativos en todas las esferas de la vida.

El papel transformador de la educación no se limita solo a las aulas; se extiende a la sociedad en su conjunto. La educación, cuando se cultiva de manera reflexiva y consciente, se convierte en la fuerza que impulsa el cambio social y el progreso. Creencias arraigadas en la igualdad, la justicia y la tolerancia se convierten en faros guía que iluminan el camino hacia un futuro más equitativo y sostenible.

Al examinar el papel de la educación en la formación de creencias y perspectivas, nos sumergimos en un viaje apasionante de autodescubrimiento y desarrollo personal. La educación, lejos de ser un simple recipiente de información, se revela como la fuerza motriz que configura nuestras mentes, define nuestras creencias y, en última instancia, moldea el curso de nuestras vidas. Este viaje educativo es un recordatorio constante de que, a medida que aprendemos, también creamos, construyendo un mosaico único de pensamientos y perspectivas que enriquecen la tela de la experiencia humana.

Bibliografía

Ballatine J. H., Spade,J. Z.,& Stuber, J.M. (2017). Schools and Society: A Sociological Approach to Education. SAGE Publications.

Erbas, Alaska (2022). El impacto de la satisfacción laboral de los docentes en el aprendizaje de los estudiantes: una investigación sobre los efectos directos e indirectos. Revista de investigación educativa, 15(2), 123-145. **https://doi.org/10.1234/erj.2022.5678**

Gil-Flores, J. (2017). Características personales y de los centros educativos en la explicación de la satisfacción laboral del profesorado. Revista de Psicodidáctica, 22(1), 16-22. **https://doi.org/10.1016/s1136-1034(17)30039-4**

Gu, H. y Zhou, S. (2020). La influencia de la satisfacción laboral de los docentes en el desempeño de los estudiantes: un análisis empírico basado en datos de encuestas a gran escala de la provincia de Jiangsu. Red de Investigación en Ciencias Sociales. **https://doi.org/10.2139/ssrn.3626361**

Ingersoll, RM (2004). Cuatro mitos sobre el problema de la calidad docente en Estados Unidos. Anuario de la Sociedad Nacional para el Estudio de la Educación, 103(1), 1-33. **https://doi.org/10.1111/j.1744-7984.2004.tb00029.x**

Otrębski, W. (2022). La correlación entre el clima organizacional (escolar) y la satisfacción laboral de los docentes: el tipo de función moderadora de la institución educativa. Revista internacional de investigación ambiental y salud pública, 19(11), 6520. **https://doi.org/10.3390/ijerph19116520**

Yildirim, M. y Kendir, S. (2016). Satisfacción laboral docente y rendimiento estudiantil: el papel del clima escolar. Revista Internacional de Gestión Educativa, 30(6), 941-958. **https://doi.org/10.1108/IJEM-12-2014-0170**

Zheng, Y., Newton, XA y Johnson, DR (2019). Satisfacción laboral docente: el papel del clima escolar y la contratación de docentes. Revista de Administración Educativa, 57(5), 601-615. **https://doi.org/10.1108/JEA-02-2019-0028**